Nomenclature

exacte

des Rues, Passages, Places, Boulevards, &c.

de la Ville de Paris.

Rédigée dans l'ordre alphabétique le plus rigoureux, avec indication, en regard de chaque rue, du quartier, des numéros de maisons et de l'arrondissement qui s'y rattachent,

et suivie de Tableaux présentant :

1° Les Mairies & Justices de Paix de Paris.
2° Les noms et demeures de MM. les Commissaires de Police, Receveurs Particuliers, Percepteurs & Contrôleurs des Contributions directes, ainsi que les Quartiers composant leur division respective.

Prix : Broché 1f. — Relié 1f. 30c.

Paris,
Chez l'Auteur, Rue de la Verrerie, 77.

1841.

Chaque Exemplaire doit être revêtu de la Signature de l'Auteur.

Chef des Bureaux de la Direction
des Contributions directes de la Seine.

Imprimerie lithographique d'Herbet et Chezaud
Rue Bertin-Poirée, 15.

Avertissement.

Cette Nomenclature, bien qu'utile à tous, a néanmoins été établie particulièrement pour les Administrations que leurs attributions ordinaires mettent journellement dans la nécessité de rechercher et de connaître, avec autant d'exactitude que de célérité, la position administrative des diverses rues de la Capitale.

On se plaignait généralement du peu de méthode existant pour le classement des rues, dans les divers ouvrages publiés jusqu'à ce jour.

Pour obvier à cet inconvénient, on a, dans la nouvelle nomenclature, adopté un classement à la fois rationnel et commode.

Les noms des rues, passages, &c., y sont rangés dans un ordre alphabétique unique et rigoureux, et lorsqu'ils se forment de plusieurs mots, on a eu soin de les maintenir tels qu'ils se comportent, en évitant d'en décomposer aucun, sous prétexte de les inscrire à leur nom principal : circonstance qui n'a que trop souvent pour effet d'embarrasser dans les recherches. Ainsi, on trouvera la place Dauphine au D ; le boulevard des Filles-du-Calvaire à l'F ; la rue Gervais-Laurent au G ; la rue St Jacques à l'S., &, &.

Dans les noms qui se ressemblent, l'impasse est avant le passage ; celui-ci avant la place, et la place avant la rue, &., afin de conserver toujours, et partout, l'ordre alphabétique si essentiel pour un Dictionnaire de rues.

Toutefois, et de l'avis de plusieurs souscripteurs, on a cru devoir, jusqu'à un certain point, s'écarter de cette règle, à l'égard de noms de rues qui ne différaient entre'eux que par le genre ou

(4)

le cas. Ainsi, en général, dans les noms composés dont le premier mot se reproduit tantôt au masculin, tantôt au féminin, ou au pluriel, on a négligé les lettres caractéristiques du genre ou du cas, comme l'*E* de *sainte*, l'*S* de *grands*, le dernier *E* de *petite*, pour ne faire qu'un seul classement entre chacun de ces différens mots.

C'est aussi pour rendre les recherches plus faciles, que les *articles* au milieu des noms, ne sont pas entrés dans le classement.

Pour distinguer l'impasse, la place, de la rue, on a mis après le nom, le mot *impasse*, ou *place*, &c. Par suite, on a cru pouvoir se dispenser d'inscrire chaque fois le mot *rue*.

Les tenans et aboutissans ne sont pas entrés dans le travail: ils y étaient en quelque sorte étrangers, puisque ce n'est pas tant un *guide* dans Paris qu'on a voulu produire, (bien qu'il puisse servir également à cette fin,) qu'un Relevé aussi complet et aussi méthodiquement classé que possible, destiné à diriger sûrement les bureaux des administrations, dans les recherches et les renvois multipliés qui font de leurs occupations un objet pour ainsi dire spécial.

Ce petit ouvrage, du reste, a donné lieu à un travail extrêmement long et minutieux. Aussi, le prix minime auquel il est taxé prouvera-t-il que l'Auteur, en l'entreprenant, n'a eu qu'un seul but: celui de faire une chose utile. Il se croira donc largement récompensé, s'il a pu y réussir.

(5)

	Rues, &c.	Quartiers.	N.º de Maisons dépendans de chaque quartier.	
de l'	Abattoir (avenue)	Roule	La totalité	1.
de l'	Abattoir	Faub. Poissonnière	id	3.
de l'	Abbaye	Monnaie	id	10.
de l'	Abbaye St Martin (passage)	St Martin-des-champs	id	6.
des	Acacias	Invalides	id	10.
d'	Aguesseau (marché)	Place-Vendôme	id	1.
d'	Aguesseau	Roule	id	1.
de l'	Aiguillerie	Marchés	id	4.
—	Albouy	Porte-St-Martin	id	5.
d'	Alger	Tuileries	id	1.
—	Alibert	Porte-St-Martin	id	5.
d'	Aligre (cour ou passage)	St Honoré	id	4.
d'	Aligre	Quinze-Vingts	id	8.
de l'	Allée d'Antin (impasse)	Champs-Élysées	id	1.
de l'	Allée des Veuves (impasse pelle)	Champs-Élysées	id	1.
des	Amandiers (barrière)	Popincourt	id	8.
des	Amandiers (chemin de ronde de la barrière)	Popincourt	id	8.
des	Amandiers-Popincourt	Popincourt	id	8.
des	Amandiers Ste Geneviève	St Jacques	id	12.
d'	Amboise (impasse)	St Jacques	id	12.
d'	Amboise	Feydeau	id	2.
—	Amélie	Invalides	id	10.
—	Amelot (impasse)	(Voir impasse des Jardiniers)		
—	Amelot	Faub. St Antoine	De 2 à 14.	8.
		Popincourt	16 à la fin	8.
d'	Amsterdam	Roule	La totalité	1.
de l'	Ancienne Comédie	Monnaie	N.os pairs	10.
		École-de-Médecine	N.os impairs	11.
de l'	Ancien grand cerf (passage)	Montorgueil	La totalité	5.

(6)

Rues, &c.	Quartiers.	N.º de Maisons dépendantes de chaque quartier.	
l'Ancienne halle à la Viande (1)	(aujourd'hui marché à la verdure)		4.º
de l'Ancre (passage)	Porte St. Denis	la totalité	6.
André (impasse)	St. Marcel	id.	12.
d'Angivillier	St. Honoré	id.	4.
de l'Anglade	Palais-Royal	id.	2.
des Anglais (passage)	Ste Avoie	id.	7.
des Anglais	St. Jacques	id.	12.
des Anglaises	St. Marcel	id.	12.
d'Angoulême St. Honoré	Champs-Élysées	id.	1.
d'Angoulême du Temple (pion.)	Temple	id.	6.
d'Angoulême du Temple	Temple	id.	6.
d'Anjou (quai)	Ile St. Louis	id.	9.
d'Anjou Dauphine	Monnaie	id.	10.
d'Anjou au marais	Mont-de-Piété	id.	7.
d'Anjou St. Honoré	Roule	id.	1.
d'Antin (allée)	Champs-Élysées	id.	1.
d'Antin (Cité)	Chaussée-d'Antin	id.	2.
d'Antin	Feydeau	id.	2.
de l'Arbalète	Observatoire	id.	12.
de l'Arbre-Sec	Louvre	de 1 à 29, de 2 à 40	4.
	St. Honoré	31 à la fin, 42 à la fin	4.
de l'Arcade	Roule	N.ºs impairs	1.
	Place-Vendôme	N.ºs pairs	1.
de l'Arche Marion	Louvre	la totalité	4.
de l'Arche-Pépin	Louvre	id.	4.
de l'Archevêché (pont)	Cité (au nord)	"	9.
	St. Jacques (au midi)	"	12.
de l'Archevêché (quai)	Cité	la totalité	9.
des Arcis	Lombards	N.ºs impairs	6.
	Arcis	N.ºs pairs	7.
d'Arcole (pont)	Hôtel-de-ville (au nord)	"	9.
	Cité (au midi)	"	9.

Rues, &c.	Quartiers.	N.re de Maisons dépendantes de chaque quartier	Arrondissement
d' Arcole	Cité	la totalité	9.e
d' Arcueil (barrière)	Observatoire	id	12
d' Argenson (impasse)	Marché-St-Jean	id	7
d' Argenteuil (impasse)	Roule	id	1
d' Argenteuil	Palais-Royal	id	2
d' Arras	Jardin-du-Roi	id	12
de l' Arsenal (cour et place)	aujourd'hui place des Salpêtres		
de l' Arsenal (pont) (sur le Canal)	Arsenal	la totalité	9
de l' Arsenal	(auj. rue de l'Orme)		
d' Artois (passage et rue)	(voir au mot Laffitte)		
des Arts (pont)	{ Louvre (au nord)		4
	Monnaie (au midi) }		10
des Arts (rue) enclos de la Trinité	Porte-St-Denis	la totalité	6
d' Assas (impasse)	Luxembourg	id	11
d' Assas	Luxembourg	id	11
d' Astorg	Roule	id	1
de l' Asyle	Popincourt	id	8
— Aubert (passage)	Bonne-Nouvelle	id	5
— Aubry-le-Boucher	Lombards	id	6
des Augustins (quai)	École-de-Médecine	id	11
— Aumaire (passage et rue)	(voir au mot Maire)		
d' Aunay (barrière)	Popincourt	la totalité	8
d' Aunay (chemin de ronde de la barrière)	Popincourt	id	8
d' Austerlitz (pont)	{ Quinze-Vingts	partie septentrionale	8
	Jardin-du-Roi }	partie méridionale	12
d' Austerlitz (quai)	St-Marcel	la totalité	12
d' Austerlitz	Invalides	id	10
d' Austerlitz St-Marcel	(voir Grande et Petite rue d'Austerlitz)		
d' Aval	(voir au mot Daval)		
d' Avignon	Lombards	la totalité	6

Rues, &c.	Quartiers.	N.º de Maisons dépendans de chaque quartier.	
Babille	Banque	La totalité	4.e
de Babylone	S.t Thomas	id	10.
du Bac	Faub. S.t Germain	de 1 à 61 — de 2 à 78	10.
	S.t Thomas	63 à la fin — 80 à la fin	10.
de Bagneux	S.t Thomas	La totalité	10.
Bailler	Louvre	id	4.
Bailleul	S.t Honoré	id	4.
Baillif	Banque	id	4.
Bailly	S.t Martin des champs	id	6.
des Ballets	Marché S.t Jean	id	7.
de la Banque	Banque	id	4.
du Banquier	S.t Marcel	id	12.
Barbet de Jouy	S.t Thomas	id	10.
Barbette	Marais	id	8.
de la Barillerie	Cité	N.os impairs	9.
	Palais-de-Justice	N.os pairs	11.
des Barnabites (cour ou passage)	Cité	La totalité	9.
de la Barouillère	S.t Thomas	id	10.
Barre-du-Bec	S.te Avoye	N.os impairs	7.
	Marché S.t Jean	N.os pairs	7.
des Barres S.t Gervais	Hôtel-de-Ville	La totalité	9.
des Barres S.t Paul	Arsenal	id	9.
de la Barrière d'Italie (place)	S.t Marcel	id	12.
de la Barrière Poissonnière	(voy. rue de la Barrière S.t Denis)		
de la Barrière S.t Denis	Faub. Poissonnière	La totalité	3.
Barthelemy	Invalides	id	10.
Barfour (impasse et passage)	Porte S.t Denis	id	6.
Basfroid	Popincourt	id	8.
Basse Porte S.t Denis	Faub. Poissonnière	id	3.
Basse du Rempart	Place Vendôme	id	1.

Rues &c.	Quartiers.	N.º de Maisons dépendant de chaque quartier	
Basse St. Pierre	Champs-Élysées	La totalité	1.
Basse des Ursins	Cité	id	9.
des Bassins ou Réservoirs (Barrière)	Champs-Élysées	id	1.
des Bassins (Chemin de ronde de la barrière)	Champs-Élysées	id	1.
des Bassins	Champs-Élysées	id	1.
des Batailles	Champs-Élysées	id	1.
Batave (Cour)	Lombards	id	6.
du Battoir St. André des arts	École-de-Médecine	id	11.
du Battoir St. Victor	Jardin-du-Roi	id	12.
Baudin (impasse)	Roule	id	1.
Baudoyer (place)	Marché St. Jean	N.ºs impairs	7.
	Hôtel-de-Ville	N.ºs pairs	4.
de la Baudroyerie (impasse)	St. Avoie	La totalité	7.
Baville	Palais-de-Justice	id	11.
Bayard	Champs-Élysées	id	1.
Bayard	Invalides	id	10.
Beaubourg	St. Avoie	id	7.
de Beauce	Mont-de-Piété	id	
Beaucourt (impasse)	Roule	id	1.
Beaufort (impasse et passage)	Lombards	id	6.
Beaujolais (passage)	Palais-Royal	id	2.
Beaujolais du Marais	Temple	id	6.
Beaujolais du Palais-Royal	Palais-Royal	id	2.
Beaujolais St. Honoré	Tuileries	id	1.
Beaujon (cité)	Champs-Élysées	id	1.
Beaumarchais (boulevard)	(voir Boulevard St. Antoine.)		
de Beaune	Faub. St. Germain	La totalité	10.
Beauregard	Bonne-Nouvelle	id	5.
Beauregard (rue, autrefois ruelle)	Faub. Montmartre	id	2.

(10)

Rues, &a.	Quartiers.	N.º de Maisons dépendant de chaque quartier.	Inconnu Présent
— Beaurepaire	Montorgueil	La totalité	5.
— Beautreillis	Arsenal	id	9.
— Beauveau (marché)	Quinze-Vingts	id	8.
— Beauveau (place)	Roule	id	1.
de Beauveau S.t antoine	Quinze-Vingts	id	8.
— Beauvilliers (passage)	Palais-Royal	id	2.
des Beaux-arts	Monnaie	id	10.
du Bel-air (avenue)	Quinze-Vingts	id	8.
du Bel-air (Cour)	Quinze-Vingts	id	8.
de Bélière	S.t Marcel	id	12.
— Bellart	Invalides	id	10.
— Bellechasse (place)	Faub. S.t germain	id	10.
— Bellechasse	Faub. S.t germain	id	10.
— Bellefond	Faub. Montmartre	id	2.
de Belleville (barrière)	Temple ..... à droite } en sortant		6.
	Porte S.t Martin ... à gauche		5.
de Belleville (Chemin de ronde de la barrière)	Porte S.t Martin	"	5.
de Bercy (barrière)	Quinze-Vingts	La totalité	8.
de Bercy (Chemin de ronde de la barrière)	Quinze-Vingts	id	8.
de Bercy (pont)	Quinze-Vingts	id	8.
de Bercy du Marais	Marché S.t Jean	id	7.
de Bercy S.t antoine	Quinze-Vingts	id	8.
— Bergère (cité)	Faub. Montmartre	id	2.
— Bergère	Faub. Montmartre	id	2.
de Berlin	(aujourd'hui impasse Grammont)		"
des Bernardins (cloître et passage)	Jardin-du-Roi	La totalité	12.
des Bernardins	Jardin-du-Roi	id	12.
de Berry (au marais)	Mont-de-Piété	id	7.
— Berryer (cité)	Place Vendôme	id	1.

(11.)

Rues d.e	Quartiers	N.os de maisons dépendant de chaque quartier	Arrondissement
Berthaud (impasse)	St. Avoie	La totalité	7.
Bertin-Poirée (place)	Louvre	id	4.
Bertin-Poirée	Louvre	N.os impairs de 52 à 50	4.
	St. Honoré	22 et 24	4.
Bethisy (carrefour)	Louvre	"	4.
	St. Honoré	"	4.
Bethisy	Louvre	N.os impairs	4.
	St. Honoré	N.os pairs	4.
de Béthune (quai)	Ile St. Louis	La totalité	9.
Barrière	Luxembourg	id	11.
de la Bibliothèque	St. Honoré	id	4.
Bichat	Porte St. Martin	id	5.
aux Bienfaisance	Roule	id	1.
Biette (passage)	(voir passage Crussol)	"	
de la Bièvre (pont)	St. Marcel	La totalité	12.
de Bièvre	Jardin du Roi	N.os impairs	12.
	St. Jacques	N.os pairs	12.
des Billettes (impasse)	Marché St. Jean	La totalité	7.
des Billettes	Marché St. Jean	id	7.
de Billy (quai)	Champs-Elysées	id	1.
Birague (fontaine et place)	Marais	"	8.
	Arsenal	"	9.
Biron	Observatoire	La totalité	12.
Bizet	Champs-Elysées	id	1.
Blanche (barrière)	Chaussée d'Antin	id	2.
Blanche (chemin de ronde de la barrière)	Chaussée d'Antin	id	2.
Blanche	Chaussée d'Antin	id	2.
Blancs-Manteaux (marché)	Marché St. Jean	id	7.
des Blancs-Manteaux	Mont-de-Piété	id	7.
aux Blés (halle)	Banque	id	4.
aux Blés (port)	Hôtel-de-Ville	id	9.
Bleue	Faub. Montmartre	id	2.

Rues, &c.	Quartiers.	N.os de Maisons dépendantes de chaque quartier.	Assemblée primaire.
des Bleus (cour)	Porte-St-Denis	La totalité	6.
— Bochart de Saron	Faub. Montmartre	id	2.
du Bœuf (impasse)	Ste Avoie	id	7.
des Bœufs (impasse)	St Jacques	id	12.
du Bois de Boulogne (passage)	Faub. St Denis	id	5.
des Bons-Enfants	Palais-Royal	N.os impairs	2.
	Banque	N.os pairs	4.
du Bon-Puits (impasse)	Jardin-du-Roi	La totalité	12.
du Bon-Puits	Jardin-du-Roi	id	12.
de la Bonne graine (cour et passage)	Faub. St Antoine	id	8.
— Bonne-Nouvelle (boulevard)	Bonne-Nouvelle	N.os impairs	5.
	Faub. Poissonnière	N.os pairs	3.
de Bondy	Porte-St-Martin	La totalité	5.
— Bony (cour)	Roule	id	1.
— Borda	St Martin-des-champs	id	6.
— Bossuet	Cité	id	9.
— Boucher	Louvre	id	4.
— Boucherat	Temple	id	6.
de la Boucherie des Invalides	Invalides	id	10.
des Boucheries St Germain	Luxembourg	N.os impairs	11.
	Monnaie	N.os pairs	10
des Boucheries St Honoré	(aujourd'hui rue Jeannisson)		″
— Boudreau	Place Vendôme	La totalité	1.
de Boufflers (avenue)	Invalides	id	10.
— Boufflers (bazar)	Feydeau	id	2.
— Boulainvilliers (marché)	Faub. St Germain	id	10.
des Boulangers	Jardin du Roi	id	12.
de la Boule-Blanche (passage)	Quinze-Vingts	id	8.
de la Boule-Rouge (passage)	Faub. Montmartre	id	2.
de la Boule-Rouge	Faub. Montmartre	id	2.

Rues, &c.	Quartiers.	N.° de maisons dépendant de chaque quartier.	Ensemble
des Boulets	Faub. St Antoine	La totalité	8.
du Bouloi	Banque	id	4.
du Bouquet des champs (impasse)	Champs-Élysées	id	1.
du Bouquet des champs	Champs-Élysées	id	1.
de la Bourbe	Observatoire	id	12.
Bourbon (Quai)	Île St Louis	id	9.
de Bourbon	(voir rue de Lille)		
Bourbon-le-château	Monnaie	La totalité	10.
Bourbon-Villeneuve	Bonne-Nouvelle	id	5.
Bourdaloue	Chaussée-d'Antin	id	2.
Bourdin (impasse)	Champs-Élysées	id	1.
Bourdon (boulevard)	Arsenal	id	9.
des Bourdonnais (impasse)	St Honoré	id	4.
des Bourdonnais	St Honoré	id	4.
Bourg-l'abbé (passage)	Porte St Denis	id	6.
Bourg-l'abbé	Porte St Denis	id	6.
de Bourgogne (cour)	Quinze-vingts	id	8.
de Bourgogne	Faub. St Germain / St Thomas / Invalides	De 1 à 23 / 25 jusq. à fin / N.° pairs	10.
des Bourguignons	Observatoire	La totalité	12.
Boursault	Chaussée d'Antin	id	2.
de la Bourse (place)	Feydeau	id	2.
de la Bourse	Feydeau	id	2.
Bourtibourg	Marché St Jean	id	7.
Boutebrie	Sorbonne	id	11.
de la Bouteille (impasse)	St Eustache	id	3.
Bouton (impasse)	(voir impasse Jean Bouton)		
Boutron (impasse)	Porte St Martin	La totalité	5.
Bouvart (impasse)	St Jacques	id	12.

(14)

Rues, &.ª	Quartiers.	N.º de maisons dépendans de chaque quartier	
de la Boyauterie (barrière)	Porte St. Martin	La totalité	5
de la Boyauterie (chemin de ronde de la barrière)	Porte-St. Martin	id	5
Brady (passage)	Faub. St. Denis	id	5
de Braque	Mont-de-Piété	id	7
de la Brasserie (impasse)	Palais-Royal	id	2
Breda (place)	Chaussée d'antin	id	2
Breda	Chaussée d'antin	id	2
de Bretagne	Mont-de-Piété	N.º impairs	7
	Temple	N.º pairs	6
de Breteuil (avenue)	Invalides	La totalité	10
de Breteuil (carrefour)	Invalides	id	10
de Breteuil	St. Martin-des-champs	id	6
de Bretonvilliers	Isle St. Louis	id	9
Brerare (impasse ou passage)	Faub. Montmartre	id	2
Brière (passage)	Faub. St. Antoine	id	8
Brisemiche	Ste. Avoie	id	7
des Brodeurs	St. Thomas	id	10
Bruxme	St. Marcel	id	12
de Bruxelles	Roule	id	1
de la Bucherie (quai)	St. Jacques	id	12
aux Bucherie	St. Jacques	id	12
de Buffaut	Faub. Montmartre	id	2
de Buffon	St. Marcel	id	12
du Buisson St. Louis	Porte-St. Martin	id	5
Buosi (carrefour)	Monnaie	id	10
de Buosi	Monnaie	id	10
des Buttes	Quinze-Vingts	id	8
des Buttes St. Chaumont	Porte-St. Martin	id	5
Caden	Faub. Montmartre	id	2

Rues, &c.	Quartiers	N.os de Maisons dépendans de chaque quartier	Arrondissement
du Cadran	Montmartre	la totalité	3.
du Café des Ambassadeurs (carré)	Champs-Elysées	id	1.
du Café de foi (passage)	Palais-Royal	id	2.
Caffarelli	Temple	id	6.
du Caire (galerie)	Bonne-Nouvelle	id	5.
du Caire (place)	Bonne-Nouvelle	id	5.
du Caire	Bonne-Nouvelle	id	5.
de la Calandre	Cité	id	9.
Cambray (place)	St. Jacques	id	12.
Campagne-Première (nouvelle)	Luxembourg	id	11.
du Canal St. Martin	Porte St. Martin	id	5.
du Canivet	Luxembourg	id	11.
des Canettes	Luxembourg	id	11.
des Capucines (boulevard)	Place-Vendôme	id	1.
des Capucins	Observatoire	id	12.
Cardinale	Monnaie	id	10.
du Cardinal Lemoine	Jardin du Roi	id	12.
Carême-Prenant	Porte St. Martin	id	5.
des Carmélites (impasse)	Observatoire	id	12.
des Carmes (carrefour)	St. Jacques	id	12.
des Carmes (marché)	St. Jacques	id	12.
des Carmes	St. Jacques	id	12.
Caron	Marais	id	8.
Carpentier	Luxembourg	id	11.
du Carré Ste. Geneviève (place)	St. Jacques	id	12.
du Carrousel (place)	Tuileries	id	1.
du Carrousel (pont)	(voir pont du Louvre)		
du Carrousel	Tuileries	la totalité	1.
Casimir Périer	Faub. St. Germain	id	10.

Rues, &c.	Quartiers.	N.º de Maisons dépendantes de chaque quartier.	
— Cassette	Luxembourg . . .	La totalité	11.
— Cassini (impasse) . .	Observatoire . . .	id	12.
— Cassini	Observatoire . . .	id	12.
— Castellane	Place-Vendôme . .	id	1.
— Castex	Arsenal	id	9.
— Castiglione	Tuileries	id	1.
— Caumartin	Place-Vendôme . .	id	1.
des Célestins (quai) . .	Arsenal	id	9.
— Cendrier (impasse et passage)	Place-Vendôme . .	id	1.
du Cendrier	St. Marcel . . .	id	12.
— Censier	St. Marcel . . .	id	12.
de la Cerisaie	Arsenal	id	9.
— César (passage) . .	Invalides	id	10.
— Chabannais	Feydeau	id	2.
de Chabrol	Faub. Poissonnière .	id	3.
de Chaillot	Champs-Elysées . .	id	1.
de la Chaise	St. Thomas . . .	id	10.
— Chaumien	(aujourd'hui rue de la grande Chaumière)		
du Champ de l'alouette . .	St. Marcel . . .	La totalité	12.
du Champ des capucins . .	Observatoire . . .	id	12.
— Champ de Mars (le) . .	Invalides	id	10.
des Champs	Champs-Elysées . .	id	1.
des Champs-Elysées (avenue)	Champs-Elysées . .	id	1.
des Champs-Elysées (carré)	Champs-Elysées . .	id	1.
des Champs-Elysées (rondpoint)	Champs-Elysées . .	id	1.
des Champs-Elysées . .	Champs-Elysées . .	id	1.
au Change (pont) . . .	Louvre	au nord . . .	4.
	Arcis		7.
	Palais de Justice .	au midi . . .	11.
	Cité		9.

Rues, &c.	Quartiers.	N°s des maisons dépendans de chaque quartier.	Arrond.t
— Chanoinesse	Cité	La totalité	9.
— Chanterêine	(aujourd'hui rue de la Victoire) . .	"	"
du Chantier (cour)	Porte S.t Denis . .	La totalité	6.
du Chantier de la Boule blanche (pass.)	Quinze-Vingts . .	id	8.
des Chantiers	(voir rue du Cardinal Lemoine) . .	"	"
du Chantre	S.t Honoré . .	La totalité	4.
des Chantres	Cité	id	9.
de la Chanverrie	{ Marchés . . .	N.os impairs	4.
	{ Montorgueil . . .	N.os pairs	5.
de la Chapelle	Faub. S.t Denis . .	La totalité	5.
— Chapon	{ S.te Avoie . . .	N.os impairs	7.
	{ S.t Martin-des-champs	N.os pairs	5.
— Chaptal	Chaussée-d'Antin . .	La totalité	2.
de la Charbonnière (avenue) . .	Roule	id	1.
des Charbonniers (impasse) . .	Quinze-Vingts . .	id	8.
des Charbonniers-S.t Antoine . .	Quinze-Vingts . .	id	8.
des Charbonniers-S.t Marcel . .	Observatoire . .	id	12.
de Charenton (barrière) . .	Quinze-Vingts . .	id	8.
de Charenton (chemin de ronde de la barrière)	Quinze-Vingts . .	id	8.
de Charenton	Quinze-Vingts . .	id	8.
de la Charité	Faub. S.t Denis . .	id	5.
— Charlemagne (passage) . .	Arsenal	id	9.
— Charles X (quai)	(aujourd'hui quai Jemmapes) . .	"	"
— Charlot	Temple	La totalité	6.
du Charnier des Innocens (passage)	Marchés . . .	id	4.
du Charnier des Innocens . .	Marchés . . .	id	4.
de Charonne (barrière) . .	{ Faub. S.t Antoine, à droite } en sortant {		8.
	{ Popincourt — à gauche }		8.
de Charonne (chemin de ronde de la barrière)	Popincourt . . .	La totalité	8.
de Charonne	Faub. S.t Antoine . .	de 1 à 15 - N.os pairs	8.
	Popincourt . . .	17 à la fin	8.

(18.)

Rues, &c.	Quartiers.	N°s de Maisons dépendant de chaque quartier.	Grand total
Chartière	St Jacques . . .	La totalité	12.
de Chartres (barrière) . . .	Roule	id	1.
de Chartres (galerie) . . .	Palais-Royal . .	id	2.
du Chartres du Roule . .	Roule	id	1.
de Chartres St honoré . . .	Tuileries . . .	id	1.
des Chartreux (passage) . . .	St Eustache . .	id	3.
du Chat-Blanc (impasse) . .	(voir impasse St Jacques la B.ie)		"
du Chat-qui-pêche	Sorbonne . . .	La totalité	11.
de Châteaubriand (avenue) . .	Champs-Elysées .	id	1.
Château-Landon . . .	Faub. St Denis . .	id	5.
du Châtelet (place) . . .	Louvre	N°s impairs	4.
	Arcis	N°s pairs	7.
de Châtillon	Porte-St Martin .	La totalité	5.
Chauchat	Chaussée-d'antin .	id	2.
du Chaudron	Faub. St Denis . .	id	5.
du Chaume (passage) . . .	(voir passage Lacquay) . . .		"
du Chaume	Mont-de-Piété . .	La totalité	7.
de la Chaussée-d'antin . . .	Place-Vendôme . .	N°s impairs	1.
	Chaussée-d'antin .	N°s pairs	2.
de la Chaussée du Maine (impasse)	Luxembourg . .	La totalité	11.
de la Chaussée-des-Minimes . . .	Marais . . .	id	8.
Chausson (passage) . . .	Porte St Martin .	id	5.
Chauveau-Lagarde . . .	Place-Vendôme .	id	1.
du Chemin de la Chopinette . .	Porte-St Martin .	id	5.
du Chemin de Gentilly . . .	St Marcel . . .	id	12.
du Chemin de Lagny . . .	Faub. St Antoine .	id	8.
du Chemin de Pantin . . .	Porte-St Martin .	id	5.
du Chemin de Versailles . . .	Champs-Elysées .	id	1.
du Chemin Vert (passage) . .	Popincourt . .	id	8.
du Chemin vert . . .	Popincourt . .	id	8.

Rues, &c.	Quartiers.	N.os de Maisons dépendans de chaque quartier.	
du Cherche-midi	{ Luxembourg	de 1 à 37.	11.
	S.t Thomas	34 à la fin — N.os pairs	10.
du Cheval-Blanc (passage)	Faub. S.t Antoine	La totalité	8.
	Porte S.t Denis	id	6.
du Cheval-Rouge (passage)	Porte S.t Denis	id	6.
du Chevaleret (ancien chemin)	S.t Marcel	id	12.
du Chevalier du Guet (impasse)	Louvre	id	4.
du Chevalier du Guet (place)	Louvre	id	4.
du Chevalier du Guet	{ Louvre	N.os impairs	4.
	Marchés	N.os pairs	4.
aux Chevaux (marché)	S.t Marcel	La totalité	12.
— Cheverns	Invalides	id	10.
du Chevet de l'Église S.t Vincent de Paule	Faub. Poissonnière	id	3.
du Chevet-S.t Landry	(remplacée par la rue d'Arcole)		
de Chevreuse	Luxembourg	La totalité	11.
— Childebert	Monnaie	id	10.
— Chilpéric	Louvre	id	4.
— Choiseul (passage)	Feydeau	id	2.
de Choiseul	Feydeau	id	2.
des Cholets	S.t Jacques	id	12.
de la Chopinette (barrière)	Porte S.t Martin	id	5.
de la Chopinette (chemin de ronde de la barrière)	Porte S.t Martin	id	5.
de la Chopinette	(voir rue du chemin de la Chopinette).		
— Christine	École-de-Médecine	La totalité	11.
du Cimetière S.t André des arts	École-de-Médecine	id	11.
du Cimetière S.t Benoît	S.t Jacques	id	12.
du Cimetière S.t Nicolas	{ S.t Avoie	N.os impairs	7.
	S.t Martin-des-champs	N.os pairs	6.
des Cinq-Diamans	Lombards	La totalité	6.
des Ciseaux	Monnaie	id	10.

(20.)

Rues &c.	Quartiers	N.os de maisons dépendant de chaque quartier	
de la Cité (pont)	Cité	à l'ouest	9
	Ile-S.t Louis	à l'est	
de la Cité (quai)	(aujourd'hui quai Napoléon)		
de la Cité	Cité	la totalité	9
— Clairvaux (impasse)	S.te Avoie	id.	7
de la Clef	S.t Marcel	de 1 à 17 — 2 à 12	12
	Jardin-du-Roi	19 à la fin — 14 seul	12
— Clément	Luxembourg	la totalité	11
de Cléry	Montmartre	de 1 à 29 — 2 à 44	3
	Bonne-Nouvelle	31 à la fin — 46 à la fin	5
de Clichy (barrière)	Chaussée-d'antin	à droite en sortant	2
	Roule	à gauche	1
de Clichy (chemin de ronde et la barrière)	Roule	la totalité	1
de Clichy	Roule	N.os impairs	1
	Chaussée d'antin	N.os pairs	2
— Cloche-Perce	Marché S.t Jean	la totalité	7
du Cloître Notre-Dame	Cité	id.	9
du Cloître S.t Benoît (place et rue)	Sorbonne	id.	11
du Cloître S.t Honoré (passage)	Banque	id.	4
du Cloître S.t Jacques-l'hôpital	Montorgueil	id.	5
du Cloître S.t Merri	S.te Avoie	id.	7
— Clopin	Jardin-du-Roi	id.	12
du Clos-Bruneau	S.t Jacques	id.	12
du Clos-Georgeau	Palais-Royal	id.	2
— Clotilde	S.t Jacques	id.	12
— Clovis	S.t Jacques	id.	12
de Cluny	Sorbonne	id.	11
— Cocatrix	Cité	id.	9
des Cochers (cour)	Roule	id.	1
du Coeur-volant	Luxembourg	id.	11
— Colbert (galerie ou passage)	Mail	id.	3

Rues, &c.	Quartiers	N.º de maisons dépendans de chaque quartier	
Colbert	Feydeau	La totalité	2.
du Collège Louis-le-grand (place)	Sorbonne	id	11.
de la Collégiale (place)	St. Marcel	id	12.
de la Colombe	Cité	id	9.
du Colombier	(réunie à la rue Jacob)		
les Colonnes	Feydeau	La totalité	2.
du Colysée	Champs-Élysées	id	1.
du Combat (barrière)	Porte-St-Martin	id	5.
du Combat (chemin de ronde de la barrière)	Porte-St-Martin	id	5.
de la Comète	Invalides	id	10.
du Commerce (cour)	Temple	id	6.
du Commerce (cour et passage)	École-de-Médecine	id	11.
du Commerce (passage)	St-Martin-des-champs	id	6.
du Commerce (rue) enclos de la trinité	Porte-St-Denis	id	6.
Comtesse d'Artois	(réunie à la rue Montorgueil)		
de la Concorde (place)	Tuileries	N.º 2	1.
	Champs-Élysées	de 4 à 10	
de la Concorde (pont)	Tuileries	au nord	1.
	Champs-Élysées		
	Faub. St-Germain	au midi	10.
	Invalides		
de Condé	École de Médecine	N.ºˢ impairs	11.
	Luxembourg	N.ºˢ pairs	
de la Conférence (place)	Champs-Élysées	La totalité	1.
de la Conférence (quai)	Champs-Élysées	id	1.
de Constantine (pont)	Île-St-Louis	(au nord)	9.
	Jardin-du-Roi	(au midi)	12.
de Constantine	Cité	La totalité	9.
de Constantinople	Roule	id	1.
Conté	St-Martin-des-champs	id	6.
Conti (impasse)	Monnaie	id	10.

(22)

Rues, &c.	Quartiers.	N.os de maisons dépendant de chaque quartier.	Quartier d'icelles.
Conti (Quai)	Monnaie	La totalité	10.
du Contrat-social	St. Eustache	id.	3.
de la Contrescarpe	Arsenal	de 2 à 70	9.
	Quinze-Vingts	72 seul	8.
Contrescarpe St. André	École-de-médecine	La totalité	11.
Contrescarpe St. Marcel	Jardin-du-Roi	de 1 à 13 – 2 à 6	} 12.
	Observatoire	15 à la fin	
	St. Jacques	8 à la fin	
Copeau	St. Marcel	N.º 1 seul	} 12.
	Jardin-du-Roi	Le surplus	
Coq-héron	Mail	N.os impairs	} 3.
	St. Eustache	N.os pairs	
du Coq St. Honoré	St. Honoré	La totalité	4.
du Coq St. Jean	Arcis	N.os impairs	} 7.
	Marché-St-Jean	N.os pairs	
Coquenard (impasse)	Faub. Montmartre	La totalité	2.
Coquenard	Faub. Montmartre	id.	2.
Coquerelle (impasse)	Marché-St-Jean	id.	7.
des Coquilles	Arcis	id.	7.
Coquillière	Banque	N.os impairs	4.
	St. Eustache	de 2 à 28	3.
	Mail	30 à la fin	3.
Corbeau	Porte-St-Martin	La totalité	5.
des Cordelières	St. Marcel	id.	12.
de la Corderie (cour et place)	Temple	id.	6.
de la Corderie au Marais	Mont-de-Piété	N.os impairs	7.
	Temple	N.os pairs	6.
de la Corderie St. Honoré (impasse)	Palais-Royal	La totalité	2.
de la Corderie St. Honoré	Palais-Royal	id.	2.
des Cordiers	Sorbonne	id.	11.
de la Cordonnerie	Marchés	id.	4.

Rues, &c.	Quartiers.	N.º de maisons dépendans de chaque quartier.	Arrondis. sement.
Corneille	École de Médecine	La totalité	11.
des Cornes	St. Marcel	id	12.
de la Corroierie	Ste. Avoie	id	7.
de la Cossonnerie	Marchés	id	4.
de Cotte	Quinze-vingts	id	8.
de la Cour du Commerce (marché)	Lombards	id	6.
de la Cour des Comptes (passage)	Palais-de-Justice	id	11.
de la Cour de Harlay (passage)	Palais-de-Justice	id	11.
de la Cour des Miracles (passage)	Marais	id	8.
de la Cour de Rohan (passage)	École-de-Médecine	id	11.
de la Cour du Roi François 1.er (passage)	Porte St. Denis	id	6.
Courbaton (impasse)	Louvre	id	4.
de Courcelles (barrière)	Roule	id	1.
de Courcelles (chemin de ronde des barrières)	Roule	id	1.
de Courcelles	Roule	id	1.
du Cours-la-Reine (allée ou avenue)	Champs-Élysées	id	1.
Courtalon	Marchés	id	4.
de Courty	Faub. St. Germain	id	10.
de la Coutellerie	Arcis	id	7.
des Coutures St. Gervais	Marais	id	8.
Crébillon	École-de-Médecine	id	11.
Crétel	Faub. Montmartre	id	2.
du Croissant	Montmartre	id	3.
de la Croix-Blanche (impasse ou passage)	Marché-St. Jean	id	7.
de la Croix-Blanche	Marché-St. Jean	id	7.
de la Croix-Boissière (impasse)	Champs-Élysées	id	1
de la Croix-Boissière	Champs-Élysées	id	1
de la Croix-Clamart (carrefour)	St. Marcel	id	12.
Croix des Petits Champs	Banque	N.os impairs — de 2 à 46.	4.
	Mail	50 à la fin	3.

Rues, &ca.	Quartiers.	Nos. de Maisons dépendans de chaque quartier.	
de la Croix-Rouge (carrefour)	Luxembourg	"	11
	Monnaie	"	10
	St. Thomas	"	10
de la Croix-du-Roule	Roule	La totalité	1
de la Croix St. Martin	St. Martin-des-champs	id	6
— Croulebarbe (barrière)	St. Marcel	id	12
— Croulebarbe (pont)	St. Marcel	id	12
— Croulebarbe	St. Marcel	id	12
de Crussol (passage)	Temple	id	6
de Crussol	Temple	id	6
aux Cuirs (halle)	Montorgueil	id	5
— Culture Ste. Catherine	Marché St. Jean	de 1 à 23	7
	Marais	23bis à la fin Nos. pairs	8
de la Cunette (barrière)	Invalides	La totalité	10
— Cuvier	Jardin-du-Roi	id	12
du Cygne	Montorgueil	id	5
des Cygnes (île)	Invalides	id	10
— Dalayrac	Feydeau	id	2
de Dalmatie			
de Damiette (pont)	Arsenal	au nord	9
	Ile-St. Louis	au midi	
de Damiette	Bonne-nouvelle	La totalité	5
— Damois (Cour et passage)	Faub. St. Antoine	id	8
— Dany (impasse)	Roule	id	1
du Dauphin	Tuileries	id	1
— Dauphine (passage)	Monnaie	id	10
— Dauphine (place)	Palais-de-Justice	id	11
— Dauphine	École-de-médecine	Nos. impairs	11
	Monnaie	Nos. pairs	10
— Daval	Faub. St. Antoine	Nos. impairs	8
	Popincourt	Nos. pairs	

Rues, &c.	Quartiers.	N.os de maisons dépendant de chaque quartier.	
des Déchargeurs	{ St. Honoré	N.os impairs – Du 12	} 4
	Marchés	14 à la fin	
les Degrés	Bonne-Nouvelle	la totalité	5
— Delaunay (impasse)	Popincourt	id	8
— Delessert (passage)	Porte-St-Martin	id	5
— Delorme (passage)	Tuileries	id	1
du Delta	Faub. Montmartre	id	2
du Delta (projetée)	Faub. Montmartre	id	2
du Delta-Lafayette	Faub. Poissonnière	id	9
des Demi-Saints	Louvre	id	4
— Derville	St. Marcel	id	12
— Desaix	Invalides	id	10
— Descartes	{ Jardin-du-Roi	N.os impairs	} 12
	St. Jacques	N.os pairs	
— Desèze	Place Vendôme	la totalité	1
du Désir (passage)	Faub. St-Denis	id	5
des Deux-Anges (rue convertie en impasse)	Monnaie	id	10
des Deux-Boules	{ Louvre	N.os impairs	} 4
	St. Honoré	N.os pairs	
des Deux-Écus	{ St. Eustache	De 1 à 11 (pairs et impairs)	3
	Banque	13 à la fin et 12 à la fin	4
les Deux-Églises	Observatoire	la totalité	12
les Deux-Ermites	Cité	id	9
les Deux-Moulins (barrière)	St. Marcel	id	12
les Deux-Moulins	St. Marcel	id	12
les Deux-Ponts	Île St-Louis	id	9
les Deux-Portes-St-André	École-de-médecine	id	11
les Deux-Portes-St-Jean	Marché-St-Jean	id	7
les Deux-Portes-St-Sauveur	Montorgueil	id	5
les Deux-Sœurs (Cour)	{ Faub. Montmartre	id	9
	Faub. St-Antoine	id	8

Rues &c.	Quartiers.	N.º de Maisons Dépendant de chaque quartier	
... Doublin (pont)	Cité	la totalité	9.
des Douze-Maisons (ruelle)	Champs-Elysées	id	1.
des Douze-Portes	Marais	id	8.
— Doyen (carré)	Champs-Elysées	id	1.
du Doyenné (impasse)	Tuileries	id	1.
du Doyenné	Tuileries	id	1.
du Dragon (cour)	Monnaie	id	10.
du Dragon	Monnaie	id	10.
aux Draps (halle)	Marchés	id	4.
— Dubail (passage)	Porte St Martin	id	5.
— Duguay-Trouin	Luxembourg	id	11.
— Duguesclin	Invalides	id	10.
— Duphot	Place-Vendôme	id	1.
— Dupleix (place)	Invalides	id	10.
— Dupleix	Invalides	id	10.
— Dupleix (ruelle)	Invalides	id	10.
— Dupont	Champs-Elysées	id	1.
— Dupuis	Temple	id	6.
de Duras	Roule	id	1.
de l' Echarpe	Marais	id	8.
de l' Echaudé du Marais	Mont-de-Piété	id	7.
de l' Echaudé St Germain	Monnaie	id	10.
de l' Echelle	Tuileries	id	1.
de l' Echiquier (impasse)	Mont-de-Piété	id	7.
de l' Echiquier	Faub. Poissonnière	id	3.
les Ecluses-St Martin	Porte-St Martin	id	5.
de l' Ecole (impasse)	Faub. Montmartre	id	2.
de l' Ecole (place)	Louvre	id	4.
de l' Ecol (pont)	Louvre	id	4.

Rues, &c.	Quartiers	N.° de maisons dépendantes de chaque quartier	Quartiers
de l' École (quai)	Louvre	La totalité	4.
de l' École de Médecine (place)	École de Médecine	id	11.
de l' École de Médecine	École de Médecine	id	11.
de l' École Militaire (barrière)	Invalides	id	10.
de l' École Militaire (chemin...)	Invalides	id	10.
d' Écosse	St. Jacques	id	12.
des Écouffes	Marché St. Jean	id	7.
des Écrivains	Lombards	id	6.
des Écuries d'Artois	Champs-Élysées	id	1.
de l' Église	Invalides	id	10.
de l' Égout (impasse)	Faub. St. Denis	id	5.
de l' Égout-Ste. Catherine	(aujourd'hui rue du Val-Ste. Catherine)	..	..
de l' Égout St. Germain	Monnaie	La totalité	10.
de l' Enfant-Jésus (impasse)	St. Thomas	id	10.
des Enfans-Rouges (marché)	Mont-de-Piété	id	7.
des Enfans-Rouges	Mont-de-Piété	id	7.
d' Enfer (barrière)	Luxembourg	..	11.
	Observatoire	..	12.
d' Enfer (boulevard)	Luxembourg	De 1 à 7 — 2 à 10	11.
	Observatoire	pour de 9 n.°	12.
d' Enfer (Chemin de ronde de la barrière)	Luxembourg	La totalité	11.
d' Enfer	Sorbonne	De 1 à 15 — 2 à 30	11.
	Observatoire	17 à la fin — 32 à la fin	12.
d' Enghien	Faub. Poissonnière	La totalité	3.
de l' Entrepôt	Porte St. Martin	id	5.
de l' Épée de Bois	St. Marcel	N.° impair	12.
	Jardin du Roi	N.° pair	
de l' Éperon	École-de-Médecine	La totalité	11.
des Épinettes (impasse)	Luxembourg	id	11.
d' Erfurth	Monnaie	id	10.
de l' Essai	St. Marcel	id	12.

Rues, &c.	Quartiers	N.os de maisons dépendant de chaque quartier	
de l'Est	Luxembourg	N.os pairs	11
	Observatoire	N.os impairs	12
de l'Estrapade (place)	Observatoire et St. Jacques		12
d'Estrées	Invalides	la totalité	10
des États-réunis (cour) [Faub. du Temple 98]	Porte-St. Martin	id	5
— Étienne	Louvre	id	4
de l'Étoile (impasse et passage)	Bonne-Nouvelle	id	5
de l'Étoile (place)	Champs-Élysées	id	1
de l'Étoile	Arsenal	id	9
des Étroites-Ruelles	St. Marcel	id	12
de l'Europe (place)	Roule	id	1
de l'Évêché	Cité	id	9
de l'Évêque	Palais-Royal	id	2
aux Farines (halle)	Banque	id	4
du Faub. Montmartre	Chaussée-d'Antin	N.os impairs	2
	Faub. Montmartre	N.os pairs	
du Faub. Poissonnière	Faub. Montmartre	N.os impairs	2
	Faub. Poissonnière	N.os pairs	3
du Faub. du Roule	Champs-Élysées	N.os impairs	1
	Roule	N.os pairs	
du Faub. St. Antoine (place)	Quinze-vingts	"	8
	Faub. St. Antoine	"	
	Arsenal	"	9
du Faub. St. Antoine	Faub. St. Antoine	N.os impairs	8
	Quinze-Vingts	N.os pairs	
du Faub. St. Denis	Faub. Poissonnière	N.os impairs	3
	Faub. St. Denis	N.os pairs	5
du Faub. St. Honoré	Champs-Élysées	N.os impairs	1
	Place-Vendôme	de 2 à 22	
	Roule	24 à la fin	

Rues, &c.	Quartiers.	Nos. de maisons dépendans de chaque quartier	
du Faub. St-Jacques	Observatoire	la totalité	12
du Faub. St-Martin	Faub. St-Denis	Nos impairs	5
	Porte St-Martin	Nos pairs	
du Faub. du Temple	Porte St-Martin	Nos impairs	5
	Temple	Nos pairs	6
du Fauconnier	Arsenal	la totalité	9
— Favart	Feydeau	id	2
— Félibien	Luxembourg	id	11
de la Femme-sans-Tête	Ile-St-Louis	id	9
du Fer-à-Moulin	St-Marcel	id	12
— Ferdinand	Temple	id	6
— Ferdinand-Berthoud	St-Martin-des-champs	id	6
de la Ferme de Grenelle (rue neuve)	Invalides	id	10
de la Ferme des Mathurins	Place-Vendôme	id	1
— Férou	Luxembourg	id	11
de la Ferronnerie	Marchés	id	4
aux Fers	Marchés	id	4
de la Feuillade	(voir de la Feuillade)	..	..
des Feuillantines (impasse)	Observatoire	la totalité	12
— Feuillet (passage)	Porte-St-Martin	id	5
aux Fèves	Cité	id	9
— Feydeau	Feydeau	id	2
de la Fidélité (place)	Faub. St-Denis	id	5
de la Fidélité	Faub. St-Denis	id	5
du Figuier	Arsenal	id	9
des Filles-du-Calvaire (Boulevard)	Marais	Nos impairs	8
	Popincourt	"	
des Filles-du-Calvaire (carrefour)	Temple	"	6
	Mont-de-Piété	"	7
	Marais	"	8
des Filles-du-Calvaire	Temple	Nos impairs	6
	Marais	Nos pairs	8

Rues, &c.	quartiers.	N.os de maisons dépendans de chaque quartier.	Quantité d'avenues
Les Filles-Dieu	Bonne-Nouvelle	la totalité	5
des Filles-St-Thomas	Mail	de 1 à 13	9
	Feydeau	15 à la fin, N.os pairs	2
— Fléchier	Chaussée-d'Antin	la totalité	2
aux Fleurs (marché)	Cité	id	9
	Place-Vendôme	id	1
	Porte-St-Martin	id	5
aux Fleurs (quai)	Cité	id	4
de Fleurus	Luxembourg	id	11
de Florence	Roule	id	1
du Foin (au Marais)	Marais	id	8
du Foin St-Jacques	Sorbonne	id	11
— Folie-Méricourt	Temple	id	6
de la Folie-Regnault	Popincourt	id	8
de la Fontaine	St-Marcel	id	12
— Fontaine-au-Roi	Temple	id	6
— Fontaine-St-George	Chaussée-d'Antin	id	2
des Fontaines (cour)	Palais-Royal	id	27
des Fontaines	St-Martin-des-champs	id	6
de Fontainebleau (barrière)	(voir Barrière d'Italie)	"	"
de Fontarabie (barrière et chemin de ronde)	(voir au mot Charonne)	"	"
— Fontenoi (place)	Invalides	la totalité	10
du Forez	Temple	id	6
de la Forge-Royale (impasse)	Faub. St-Antoine	id	8
des Forges	Bonne-Nouvelle	id	5
— Fortin	Champs-Élysées	id	1
— Fortunée (avenue)	Champs-Élysées	id	1
des Fossés-Montmartre	Mail	id	9
des Fossés St-Bernard	Jardin-du-Roi	id	12
des Fossés St-Germain l'auxerrois	Louvre	N.os impairs	4
	St-Honoré	N.os pairs	

Rues, &c.	Quartiers.	N.os de maisons dépendans de chaque quartier	
des Fossés St. Jacques	St. Jacques	N.os impairs	9.
	Observatoire	N.os pairs	
des Fossés St. Marcel	St. Marcel	La totalité	12.
des Fossés St. Martin	Faub. St. Denis	id.	5.
des Fossés St. Victor	Jardin du Roi	id.	12.
des Fossés du Temple	Temple	id.	6.
du Fouarre	St. Jacques	id.	12.
du Four St. Germain	Luxembourg	N.os impairs	11.
	Monnaie	N.os pairs	10.
du Four St. Honoré	Banque	N.os impairs	4.
	St. Eustache	N.os pairs	3.
du Four St. Jacques ou St. Hilaire	St. Jacques	La totalité	12.
de Fourcy St. Antoine	Hôtel-de-Ville	N.os impairs	9.
	Arsenal	N.os pairs	
de Fourcy Ste. Geneviève	St. Jacques	La totalité	12.
des Fourneaux (barrière)	Luxembourg	id.	11.
des Fourneaux (chemin de ronde)	Luxembourg	id.	11.
des Fourneaux	Luxembourg	id.	11.
aux Fourrages (marché)	Faub. St. Denis	id.	5.
	Quinze-vingts	id.	8.
	Luxembourg	id.	11.
des Fourreurs	St. Honoré	N.os impairs	4.
	Marchés	N.os pairs	
Française	Montorgueil	La totalité	3.
François-Miron	Hôtel-de-Ville	id.	9.
François-Premier (place)	Champs-Elysées	id.	1.
François-Premier	Champs-Elysées	id.	1.
des Francs-Bourgeois (au Marais)	Marché St. Jean	N.os impairs	7.
	Marais	N.os pairs	8.
des Francs-Bourgeois St. Marcel	St. Marcel	La totalité	12.
des Francs-Bourgeois St. Michel	Ecole-de-Médecine	N.os impairs	11.
	Sorbonne	N.os pairs	

(32)

Rues, &c.	Quartiers.	N.os de Maisons dépendans de chaque quartier.	
— Franklin (barrière)	Champs-Elysées	La totalité	1.
— Franklin (chemin de ronde de la barrière)	Champs-Elysées	id	1.
— Frépillon (passage)	S.t Martin-des-champs	id	6.
— Frépillon	S.t Martin-des-champs	id	6.
— Trochot	Chaussée-d'antin	id	2.
— Froidmanteau	(aujourd'hui rue du Musée)		
de la Fromagerie	Marchés	La totalité	4.
— Fromentel	S.t Jacques	id	12.
des Frondeurs	Palais-Royal	id	2.
aux Fruits (port)	S.t Jacques	id	12.
— Furstemberg	Monnaie	id	10.
— Gabrielle (avenue)	Champs-Elysées	id	1.
— Gaillard (passage)	Champs-Elysées	id	1.
— Gaillon (carrefour)	Feydeau	id	1.
— Gaillon	Feydeau	id	2.
de la Gaîté (passage)	Temple	id	6.
— Galande	S.t Jacques	id	12.
— Garancière	Luxembourg	id	11.
de la Gare (barrière)	S.t Marcel	id	12.
de la Gare (chemin de ronde de la barrière)	S.t Marcel	id	12.
de la Gare	S.t Marcel	id	12.
— Gasté	Champs-Elysées	id	1.
du Gazomètre	Faub. Poissonnière	id	3.
de Gênes	Roule	id	1.
de Gentilly	(voir rue du chemin de Gentilly)		
— Genty (ruelle)	Quinze-vingts	La totalité	8.
— Geoffroy-l'angevin	S.te Avoie	id	7.
— Geoffroy-l'asnier	Hôtel-de-Ville	id	9.
— Gérard-Beauquet	(réunie à la rue Beautreillis)		

Rues, &c.	Quartiers.	N.os de maisons dépendans de chaque quartier.	Arrondissement.
Gervais-Laurent...	Cité...	La totalité	9.
de Gèvres (quai)...	Arcis...	id	7.
du Gindre...	Luxembourg...	id	11.
Gît-le-cœur...	École-de-médecine...	id	11.
de la Glacière (boulevard)...	St Marcel...	id	12.
de la Glacière...	St Marcel...	id	12.
de Glatigny...	Cité...	id	9.
des Gobelins (boulevard)...	St Marcel...	id	12.
des Gobelins...	St Marcel...	id	12.
des Gobelins (ruelle)...	St Marcel...	id	12.
Godefroy...	St Marcel...	id	12.
Godot-de-Mauroy...	Place-Vendôme...	id	1.
du Gourdes...	(supprimée)...		
Gracieuse...	{ St Marcel... / Jardin-du-Roi...	de 1 à 7 — 2 à 12 / 9 à la fin — 14 à la fin	12
Gradis (passage)...	Porte-St-Martin...	La totalité	5.
aux Grains et Graines (halle)...	Banque...	id	4.
de Grammont (impasse)...	Roule...	id	1.
de Grammont (pont) (île Louviers)...	Arsenal...	id	9.
de Grammont...	Feydeau...	id	2.
des Grands-Augustins...	École-de-médecine...	id	11.
Grande-rue d'Austerlitz...	St Marcel...	id	12.
Grand-carré des Champs-Élysées (le)...	Champs-Élysées...	id	1.
du Grand-cerf (passage)...	Porte St Denis...	id	6.
du Grand-chantier...	Mont-de-Piété...	id	7.
de la Grande-chaumière...	Luxembourg...	id	11.
des Grands-Degrés (quai)...	St Jacques...	id	12.
des Grands-Degrés...	St Jacques...	id	12.
de la Grande-Friperie...	Marchés...	id	4.

Rues &c.	Quartiers.	N.os de maisons dépendant de chaque quartier	
du Grand-Hurleur	Porte-St-Denis	La totalité	6.
du Grand-Prieuré	Temple	id	6.
du Grand-St-Michel (rue ci-dev.t impasse)	Porte-St-Martin	id	5.
de la Grande-Truanderie	Montorgueil	id	5.
— Grand-rue-Verte	Roule	id	1.
— Grange-Batelière	Chaussée-d'Antin	id	2.
— Grange-aux-Belles	Porte-St-Martin	id	5.
des Gravilliers (passage)	St-Martin-des-champs	id	6.
des Gravilliers	St-Martin-des-champs	id	6.
— Greffulhe	Place-Vendôme	id	1.
de Grenelle (barrière)	Invalides	id	10.
i.e Grenelle (chemin de ronde de la barrière)	Invalides	id	10.
de Grenelle (impasse)	Invalides	id	10.
de Grenelle St-Germain	St-Thomas	De 1 à 111	10.
	Monnaie	2 à 10	
	Faub.g St-Germain	12 à 132	
	Invalides	113 à la fin. 134 à la fin	
de Grenelle St-honoré	Banque	La totalité	4.
— Greneta (impasse)	Porte-St-Denis	id	6.
— Greneta	Porte-St-Denis	id	6.
— Grenier St-Lazare	St.e Avoie	id	7.
du Grenier-au-sel (marché)	Faub. St-Antoine	id	8.
— Grenier-sur-l'eau	Hôtel-de-ville	id	9.
des Grès	Sorbonne	id	11.
des Grésillons	(aujourd'hui rue de Laborde)		
— Grétry	Feydeau	La totalité	2.
de la Grève (quai)	Hôtel-de-ville	id	9.
du Gril	St Marcel	id	12.
de la Grognerie (impasse)	Marché	id	4.
du Gros-Chenet	Montmartre	id	3.

Rues, &c.	Quartiers.	N.os de Maisons dépendant de chaque quartier	
de la Grosse-Tête (impasse)	Bonne-Nouvelle	La totalité	5
— Guéménée (impasse)	Marais	id	8
— Guénégaud	Monnaie	id	10
— Guépine (impasse)	Hôtel-de-ville	id	9
— Guérin-Boisseau	Porte-St-Denis	id	6
— Guillaume	Ile-St-Louis	id	9
des Guillemites	Mont-de-Piété	id	7
— Guisarde	Luxembourg	id	11
— Guy-Labrosse	Jardin-du-Roi	id	12
de la Halle (carreau)	Marchés	id	4
— Halles (les)	Marchés	id	4
de Hambourg	Roule	id	1
de Hanovre	Feydeau	id	2
de Harlay (cour)	Palais-de-Justice	id	11
de Harlay (au Marais)	Marais	id	8
de Harlay du Palais	Palais-de-Justice	id	11
de la Harpe	Sorbonne	N.os impairs	11
	École-de-Médecine	N.os pairs	
du Haut-Moulin	Cité	La totalité	9
du Haut-Moulin-du-Temple	Temple	id	6
du Haut-Pavé	St Jacques	id	12
— Haute-des-Ursins	Cité	id	9
— Hautefeuille	École-de-Médecine	id	11
— Hauteville	Faub. Poissonnière	id	3
— Hautfort (impasse)	Observatoire	id	12
du Hazard	Palais-Royal	id	2
de la Heaumerie (impasse)	Lombards	id	6
de la Heaumerie	Lombards	id	6
des Hébrard (ruelle)	Quinze-Vingts	id	8

Rues, &.	Quartiers.	N.º de maisons dépendant de chaque quartier	
du Heldev	Chaussée d'Antin	la totalité	2
— Henri	St-Martin-des-Champs	id	6
— Henri IV (passage)	Palais-Royal	id	2
— Hervé (ruelle)	Faub. St-Germain	id	10
— Hillerin-Bertin	St-Thomas	id	10
de l'Hirondelle	École-de-Médecine	id	11
de l'Homme-armé	Mont-de-Piété	id	7
— Honoré-Chevalier	Luxembourg	id	11
de l'Hôpital (boulevard)	St-Marcel	id	12
de l'Hôpital (place)	St-Marcel	id	12
de l'Hôpital (pont)	St-Marcel	id	12
de l'Hôpital (port)	St-Marcel	id	12
de l'Hôpital (quai)	St-Marcel	id	12
de l'Hôpital-Général	St-Marcel	id	12
de l'Hôpital-St-Louis (avenue)	Porte-St-Martin	id	5
de l'Hôpital-St-Louis	(réunie à la rue Grange-aux-belles)		»
de l'Horloge (cour)	Roule	la totalité	1
de l'Horloge (quai)	Palais-de-Justice	id	11
de l'Hospice-St-Antoine (place)	Quinze-Vingts	id	8
des Hospitalières (impasse)	Marais	id	8
des Hospitalières-St-Gervais	Marché-St-Jean	id	7
de l'Hôtel-Colbert	St-Jacques	id	12
de l'Hôtel-Dieu (pont)	(voir pont aux Doubles)		»
de l'Hôtel-des-Fermes (passage)	Banque	la totalité	4
de l'Hôtel-Vachou (passage)	Cité	id	9
de l'Hôtel-de-Ville (place)	Arcis	N.ºs impairs	7
	Hôtel-de-Ville	N.ºs pairs	9
de l'Hôtel-de-Ville	Arsenal	de 1 à 21 — 2 à 6	
	Hôtel-de-Ville	23 à la fin — 8 à la fin	9
du Houssaye	Chaussée-d'Antin	la totalité	2

Rues, &.	Quartiers.	N.º de maisons dépendant de chaque quartier.	
de la Huchette	Sorbonne	La totalité	11.
des Huiles (entrepôt) . . .	Jardin-du-Roi	id	12.
— Hulot (passage) . . .	Palais-Royal	id	2.
d' Iéna (pont—)	Invalides . . . (côté du champ de Mars)		10.
	Champs-Elysées (côté du quai de Billy)		1.
d' Iéna	Invalides . . .	La totalité	10.
de l' Industrie (passage) . . .	Faub. St Denis . . .	id	5.
de l' Industrie Française (Bazar)	Faub. Poissonnière . .	id	3.
de l' Institut (place) . . .	Monnaie	id	10.
des Invalides (Boulevard) . . .	Invalides . . .	de 1 à 11 N.º pairs	10.
	St Thomas . .	13 à la fin	
des Invalides (esplanade) . . .	Invalides . . .	La totalité	10.
des Invalides (hôtel) . . .	Invalides . . .	id	10.
des Invalides (place) . . .	Invalides . . .	id	10.
des Invalides (pont—)	Champs-Elysées (côté du quai de Billy)		1.
	Invalides . . . (côté de l'hôtel)		10.
des Invalides (port—) . . .	Invalides . . .	La totalité	10.
des Irlandais	Observatoire	id	12.
d' Italie (barrière) . . .	St Marcel . . .	id	12.
des Italiens (bazar incendié) . . .	Feydeau . . .	id	2.
des Italiens (boulevard) . . .	Feydeau . . .	N.ºs impairs	2.
	Chaussée d'Antin . .	N.ºs pairs	
des Italiens (Cité) . . .	Chaussée d'Antin . .	La totalité	2.
des Italiens (place) . . .	Feydeau . . .	id	2.
d' Ivry (barrière) . . .	St Marcel . . .	id	12.
d' Ivry (chemin de ronde de la barrière)	St Marcel . . .	id	12.
d' Ivry . . .	St Marcel . . .	id	12.
— Jabach (passage) . . .	Ste Avoie . . .	id	7.
— Jacinthe . . .	St Jacques . . .	id	12.
— Jacob . . .	Monnaie . . .	id	10.
— Jacques-Destours	Hôtel-de-Ville	id	9.

Rues, &c.	Quartiers.	N°. de maisons dépendans de chaque quartier	Arrond.t
du Jardin du Roi (place)	Jardin-du-Roi	La totalité	12
du Jardin du Roi (pont)	(voir pont d'Austerlitz.)	"	-
du Jardin du Roi	{ St Marcel	N°s impairs - 9 à 16 }	12
	{ Jardin-du-Roi	18 à la fin }	
du Jardinet	École-de-Médecine	La totalité	11
des Jardiniers (impasse)	Popincourt	id	8
des Jardiniers (impasse ou ruelle)	Quinze-vingts	id	8
des Jardins	Arsenal	id	9
des Jardins	Champs-Elysées	id	1
des Jardins-Poissonnière	Faub. Poissonnière	id	3
— Jarente	Marais	id	8
— Jean-Barth	Luxembourg	id	11
— Jean-de-Beauce	Marchés	id	4
— Jean-Beausire (impasse)	Marais	id	8
— Jean-Beausire	Marais	id	8
— Jean-Bouton (impasse)	Quinze-vingts	id	8
— Jean-de-l'Épine	Arcis	id	7
— Jean-Goujon	Champs-Elysées	id	1
— Jean-Hubert	St Jacques	id	12
— Jean-Jacques Rousseau	St Eustache	id	3
— Jean-Lantier	Louvre	id	4
— Jean-Pain-mollet	Arcis	id	7
— Jean-Robert	St Martin-des-champs	id	6
— Jean-Tison	St Honoré	id	4
— Jeannisson	Palais-Royal	id	2
de Jemmapes (quai)	{ Faub. St Antoine	" }	8
	{ Popincourt	de 2 à 84 }	
	{ Temple	86 à 142 }	6
	{ Porte St Martin	144 à la fin }	5
de Jérusalem	Palais-de-Justice	La totalité	11

Rues, &c.	Quartiers.	N.° des maisons dépendant de chaque quartier	Nombre de maisons
Jeu-de-Boule (passage)	Temple	La totalité	6.
Jeûneurs	Montmartre	id	3.
Joaillerie	Louvre	N.os impairs	4.
la Joaillerie	Arcis	N.os pairs	7.
Joquelet	Mail	La totalité	9.
Josset (passage)	Faub. St Antoine	id	8.
Joubert	Place Vendôme	id	1.
du Jour	St Eustache	id	3.
de Jouy (carrefour)	Marché St Jean	"	7.
	Hôtel-de-Ville	"	9.
de Jouy	Hôtel de Ville	La totalité	9.
de Judas	(aujourd'hui rue du Clos-Bruneau.)		"
des Juifs	Marché St Jean	La totalité	7.
de la Juiverie (cour)	Quinze-vingts	id	8.
de la Juiverie	(réunie à la rue de la Cité)		"
Julienne	St Marcel	La totalité	12
de la Jussienne	Mail	N.os impairs	9.
	St Eustache	N.os pairs	
de Jussieu	Jardin-du-Roi	La totalité	12
Kléber	Invalides	id	10.
de Laborde (impasse)	Roule	id	1.
de Laborde (place)	Roule	id	1.
de Laborde	Roule	id	1.
de Laborde (Faub. Poissonnière)	(aujourd'hui rue de Chabrol.)		"
de la Bourdonnaye (avenue)	Invalides	La totalité	10.
de La Bourdonnaye	Invalides	id	10.
de La Bruyère	Chaussée-d'Antin	id	2
Lacuée	Quinze-vingts	id	8.
Lafayette (place)	Faub. Poissonnière	id	3
Lafayette	Faub. St Denis	de 1 à 25 - 2 à 48	5
	Faub. Poissonnière	numérotage imparfait	3

(40)

Rues, &c.	Quartiers.	N.º de Maisons dépendans de chaque quartier.	Arrondiss.ment
Laferrière	Chaussée-d'antin	La totalité	2.
La Feuillade	{ Banque	N.os impairs	4.
	Mail	N.os pairs	3.
Laffitte (passage)	Chaussée d'antin	La totalité	2.
Laffitte	Chaussée d'antin	id	2.
Laffitte et Caillard (passage)	Banque	id	4.
de la Laiterie (rue) enclos de la Trinité	Porte-St-Denis	id	6.
Lamoignon (cour)	Palais-de-Justice	id	11.
de La-mothe-Piquet (avenue)	Invalides	id	10.
de Lancry	Porte-St-Martin	id	5.
de la Lanterne-des-arcis	Arcis	id	7.
de la Lanterne en-la-cité	(réunie à la rue de la Cité)	"	"
de Lappe	(aujourd'hui rue Louis-Philippe)	"	"
au Lard (impasse)	Marchés	La totalité	4.
au Lard	Marchés	id	4.
de la Reynie	Lombards	id	6.
de La Rochefoucault	Chaussée d'antin	id	2.
Las-Cases	Faub. St-germain	id	10.
Latérale de l'Entrepôt	Porte-St-martin	id	5.
de La Tour-d'Auvergne (impasse)	Faub. Montmartre	id	2.
de La Tour d'Auvergne	Faub. Montmartre	id	2.
de Latour-Maubourg (boulevard)	Invalides	id	10.
de Laval-Montmorency	Chaussée d'antin	id	2.
des Lavandières-place Maubert	St. Jacques	id	12.
des Lavandières-St. opportune	{ Louvre	De 1 à 17-2 à 16	} 4.
	Marchés	18 à la fin	
	St. Honoré	19 à la fin	
Lavoisier	Roule	La totalité	1.
Lavrillère	Banque	id	4.
Leclerc	Observatoire	id	12.

(4)

Rues, &ca.	Quartiers.	Nre. de maisons dépendantes de chaque quartier.	Arrondt.
du Legat (place)	(voir Marché aux Pommes de terre)		
aux Légumes secs (halle)	Banque	La totalité	4.
— Lemoine (passage)	Porte St. Denis	id	6.
— Lenoir (marché)	Quinze-Vingts	id	8.
— Lenoir St antoine	Quinze-Vingts	id.	8.
— Lenoir-St honoré	Marchés	id	4.
— Lepelletier	Chaussée d'antin	id	2.
— Lesdiguières	Arsenal	id	9.
de la Levrette	(fait aujourd'hui partie de la rue Lobau)		
de la Licorne	Cité	La totalité	9.
des Lilas (ruelle)	Popincourt	id	8.
de Lille	Faub. St germain	id	10.
de la Limace (carrefour)	St. honoré	id	4.
de la Limace	St. honoré	id	4.
de Limoges	Mont-de-Piété	id	7.
de la Lingerie	Marchés	id	4.
des Lions-St Paul	Arsenal	id	9.
de Lisbonne	Roule	id	1.
— Lobau	Hôtel-de-ville	id	9.
— Lobineau	Luxembourg	id	11.
des Lombards	Lombards	id	6.
de Londres	Roule	id	1.
de Longchamp (barrière)	Champs-Elysées	id	1.
de Longchamp (Chin. de ronde de la barrière)	Champs-Elysées	id	1.
de Longchamp	Champs-Elysées	id	1.
de Longpont	(aujourd'hui rue Jacques de Brosse)		
de la Longue-allée (passage)	Porte St. Denis	La totalité	6.
— Longue-avoine (impasse)	Observatoire	id	12.
de Lord-Byron (avenue)	Champs-Elysées	id	1.

(48)

Rues, &c.	Quartiers	N.º de maisons dépendant de chaque quartier.	
de Lorette	Luxembourg	La totalité	11.
— Louis-dix-huit (quai)	(aujourd'hui quai Voltaire)		"
— Louis-le-grand	Place-Vendôme	N.ºˢ impairs	1.
	Feydeau	N.ºˢ pairs	2.
— Louis-Philippe (pont)	Hôtel-de-ville	(au nord)	} 9.
	Ile-St-Louis		
	Cité	(au midi)	
— Louis-Philippe	Popincourt	N.ºˢ impairs	} 8.
	Faub. St Antoine	N.ºˢ pairs	
— Louis-seize	(aujourd'hui pont de la Concorde)		"
de Lourcine (barrière)	St Marcel	La totalité	12.
de Lourcine	St Marcel	N.ºˢ impairs	} 12.
	Observatoire	N.ºˢ pairs	
— Louviers (île)	Arsenal	La totalité	9.
de Louvois (place)	(aujourd'hui place Richelieu)		"
de Louvois	Feydeau	La totalité	2.
du Louvre (place)	Louvre	de 2 à 10	} 4.
	St Honoré	12 à 24	
Louvre (pont)	Tuileries	(au nord)	1.
	Faub. St Germain	(au midi)	10.
du Louvre (quai)	Louvre	La totalité	4.
de Lowendal (avenue)	Invalides	id	10.
de Lubeck	Champs-Élysées	id	1.
de Lulli	Feydeau	id	2.
de la Lune	Bonne-nouvelle	id	5.
du Lycée (passage)	Pal. Royal	id	2.
des Lyonnais	Observatoire	id	12.
— Mabillon	Luxembourg	id	11.
— Macon	École-de-médecine	id	11.
des Maçons	Sorbonne	id	11.
— Madame	Luxembourg	id	11.
de la Madeleine (boulevard)	Place-Vendôme	id	1.

Rues, &c.	Quartiers.	N.os de maisons dépendans de chaque quartier	
de la Madeleine (passage)	Cité	la totalité	0
	Place Vendôme	id.	1.
de la Madeleine (place)	Place Vendôme	id.	1.
de la Madeleine	Roule	N.os impairs	} 1
	Place-Vendôme	N.os pairs	
de Madrid	Roule	la totalité	1.
des Magasins	Faub. Poissonnière	id.	3.
Mail (le)	(voir port aux fruits)	"	"
du Mail	Mail	la totalité	3.
de la Main-d'or (cour)	Faub. St. Antoine	id.	8.
du Maine (barrière)	Luxembourg	id.	11.
du Maine (chaussée)	Luxembourg	id.	11.
du Maine (chemin de ronde de la barrière)	Luxembourg	id.	11.
au Maire (passage)	St Martin des Champs	id.	6.
au Maire	St Martin des Champs	id.	6.
des Maisons-neuves	(Champs-Elysées d'Astorg)		
Malaquais (quai)	Monnaie	la totalité	10
Malar	Invalides	id.	10.
Malesherbes (boulevard projeté)	Roule	partie	} 1
	Place-Vendôme	partie	
Mallebranche (impasse)	(voir impasse du passage Landrieux)	"	"
de Malte (rue)	Palais Royal	la totalité	2
de Malte	Temple	id.	0.
Mandar	St Eustache	N.os impairs	} 3.
	Montmartre	N.os pairs	
des Marais (entrepôt)	Porte-St-Martin	la totalité	5.
des Marais-St-Germain	Monnaie	id.	10.
des Marais-du-Temple	Porte St Martin	id.	3.
Marbeuf (allée)	Champs-Elysées	id.	1.
Marbeuf	Champs-Elysées	id.	1.
Marchand (passage cloître St Honoré)	Banque	id.	4.
de la Marche	Mont-de-piété	id.	7.

(44).

Rues, &a.	Quartiers.	Nos de maisons dépendant de chaque quartier	
du Marché de l'Abbaye (carrefour)	Monnaie	"	10.
	Luxembourg	"	11.
du Marché d'Aguesseau	Roule	La totalité	1.
du Marché Beauveau (place)	Quinze-Vingts	id	8.
du Marché aux chevaux (impasse)	St Marcel	id	12.
du Marché aux chevaux (place)	St Marcel	id	12.
du Marché aux chevaux	St Marcel	id	12.
du Marché aux fleurs	Cité	id	9.
du Marché des Innocens (place)	Marchés	id	4.
du Marché des Innocens	(voir rue du charnier des Innocens)	"	"
— Marché-Neuf (le)	Cité	La totalité	9.
du Marché-Neuf (quai, ci-devt rue)	Cité	id	9.
du Marché-Palu	(réunie à la rue de la Cité)	"	"
du Marché des Patriarches (passage)	St Marcel	La totalité	12.
au Marché aux Poirées	Marchés	id	4.
du Marché-Popincourt	Popincourt	id	8.
du Marché Ste Catherine (place)	Marais	id	8.
du Marché St Honoré	Palais-Royal	id	2.
du Marché St Jean (place)	Marché-St-Jean	id	7.
du Marché St Laurent	Faub. St Denis	id	5.
du Marché St Martin	St Martin-des-champs	id	6.
du Marché à la Verdure (place)	Marchés	id	4.
— Marcq-Foy	Porte St Martin	id	5.
— Marie (pont)	Arsenal	} (au nord)	9.
	Hôtel-de-Ville		
	Ile-St-Louis	(au midi)	
— Marie-Stuart	Montorgueil	La totalité	5.
de Marigny (avenue)	Champs-Elysées	id	1.
de Marigny (carré)	Champs-Elysées	id	1.
de Marivaux des Italiens	Feydeau	id	2.

Rues, &c.	Quartiers.	N.os de maisons dépendantes de chaque quartier.	arrond.t
de Marivaux des Lombards	Lombards	La totalité	6
de la Marmite (passage)	St Martin-Des-Champs	id	6
des Marmouzets	Cité	id	9
des Marmouzets St Marcel	St Marcel	id	12
— Marsollier	Feydeau	id	2
— Martel	Faub. Poissonnière	id	3
— Martignac	Faub. St Germain	id	10
des Martyrs (barrière)	Faub. Montmartre — à droite / Chaussée d'antin — à gauche	en sortant	2 / 2
des Martyrs (chemin de ronde de la barrière)	Chaussée d'antin	La totalité	2
des Martyrs	Chaussée d'antin / Faub. Montmartre	Nos impairs / Nos pairs	2
— Masseran	Invalides	La totalité	10
— Massillon	Cité	id	9
des Mathurins St Jacques	Sorbonne	id	11
— Matignon (place)	Champs-Elysées	id	1
— Matignon	Champs Elysées	id	1
— Maubert (place)	St Jacques	id	12
— Maubué	Ste Avoie	id	7
— Maucouseil (impasse)	Montorgueil	id	5
— Maucouseil	Montorgueil	id	5
du Maure	Ste avoie	id	7
des Mauvais-garçons	Monnaie	id	10
des Mauvais-garçons St Jean	Marché St Jean	id	7
des Mauvaises-Paroles	St Honoré	id	4
— Mazagran	Faub. Poissonnière	id	3
— Mazarine	Monnaie	id	10
— Mazas (place)	Quinze-vingts	id	8
des Mécaniques	Porte St Denis	id	6
— Méchain	Observatoire	id	12

Rues, &c.	Quartiers.	N.os de maisons dépendans de chaque quartier.	
de la Mégisserie (quai)	Louvre	La totalité	4
— Méhul	Feydeau	id	2
— Ménars	Feydeau	id	2
des Ménétriers	(prise par la rue Rambuteau)		
de Ménilmontant (barrière)	Popincourt — à droite / Temple — à gauche	en sortant	8 / 6
de Ménilmontant (chemin de ronde de la barrière)	Popincourt	La totalité	8
de Ménilmontant (impasse)	Popincourt	id	8
de Ménilmontant	Temple / Popincourt	N.os impairs / N.os pairs	6 / 8
— Mercier	Banque	La totalité	4
— Meslay	St-Martin-des-Champs	id	6
des Messageries	Faub. Poissonnière	id	3
des Messageries Royales (passage)	Mail	id	3
de Messine	Roule	id	1
des Métiers (rue) enclos de la Trinité	Porte St-Denis	id	6
— Mézières	Luxembourg	id	11
— Michel-le-comte	Ste avoie	id	7
de la Michodière	Feydeau	id	2
— Mignon	École-de-médecine	id	11
de Milan	Roule	id	1
du Milieu-des-ursins	Cité	id	9
des Minimes	Marais	id	8
les Miracles (cour)	Bonne-nouvelle	id	5
de Miromesnil	Roule	id	1
des Moineaux	Palais-Royal	id	2
— Molay	Mont-de-Piété	id	7
— Molière (passage)	Lombards	id	6
— Molière	École-de-médecine	id	11
de Monceau (barrière)	Roule	id	1

Rues, &a.	Quartiers	N.os de maisons dépendans de chaque quartier.	
de Monceau	Roule	La totalité	1
du Monceau St Gervais	(aujourd'hui rue François Miron)		
— Mondétour	{ Marchés	de 1 à 17 — 2 à 6	4
	Montorgueil	19 à la fin — 8 à la fin	5
— Mondovi	Tuileries	La totalité	1
— Mongolfier	St Martin-des-Champs	id	6
de la Monnaie	Louvre	id	4
de Monsieur	St Thomas	id	10
— Monsieur-le-Prince	École-de-Médecine	id	11
— Monsigny	Feydeau	id	2
du Mont-Blanc	(aujourd'hui rue de la Chaussée d'Antin)		
— Mont-Gallet	Quinze-Vingts	La totalité	8
du Mont-Parnasse (barrière)	Luxembourg	id	11
du Mont-Parnasse (boulevard)	{ St Thomas	de 1 à 19 — 2 à 8	10
	Luxembourg	15 à 83 — 10 à 50	11
	Observatoire	double N° 40 seul	12
du Mont-Parnasse (butte)	Luxembourg	La totalité	11
du Mont-Parnasse (chemin de ronde de la barrière)	Luxembourg	id	11
du Mont-Parnasse (impasse)	(voir impasse des Épinettes)		
du Mont-Parnasse	Luxembourg	La totalité	11
du Mont-St Hilaire	St Jacques	id	12
du Mont-Thabor	Tuileries	id	1
de la Montagne-Ste Geneviève	{ Jardin-du-Roi	de 1 à 75	12
	St Jacques	77 à la fin — N.os pairs	
de Montaigne	Champs-Élysées	La totalité	1
— Montesquieu (passage)	Banque	id	4
— Montesquieu	Banque	id	4
— Montfaucon	Luxembourg	id	11
— Montholon (carrefour)	Faub. Montmartre	id	2

Rues, &ª.	Quartiers.	Nos de maisons dépendans de chaque quartier.	
Montholon	Faub. Montmartre	la totalité	2.
Montmartre ou Pigalle (barrière)	Chaussée-d'antin	id	2.
Montmartre (boulevard)	Feydeau	Nos impairs	2.
	Chaussée-d'antin	Nos pairs	
Montmartre (Chin de ronde de la barrière)	Chaussée-d'antin	La totalité	2.
Montmartre (galerie) (passage des panoramas)	Feydeau	id	2.
Montmartre	St Eustache	de 1 à 49 - 2 à 72	3.
	Mail	51 à 141	
	Feydeau	143 à la fin	2
	Montmartre	74 à la fin	3
de Montmorency	Ste Avoie	La totalité	7.
Montorgueil	St Eustache	de 1 à 59	3.
	Montmartre	61 à la fin	
	Montorgueil	Nos pairs	5.
Montpensier (passage)	Palais-Royal	La totalité	2.
Montpensier	Palais-Royal	id	2.
Montpensier	Tuileries	id	1.
de Montreuil (barrière)	Faub. St Antoine	id	8.
de Montreuil (campagne)	Faub. St Antoine	id	8.
de Montreuil (Chin de ronde de la barrière)	Faub. St Antoine	id	8.
de Montreuil	Faub. St Antoine	id	8.
Moreau	Quinze-Vingts	id	8.
Morland (place)	Arsenal	id	9.
Morland (quai)	Arsenal	id	9.
de Mortagne (impasse)	Popincourt	id	8
de la Mortellerie	(aujourd'hui rue de l'hôtel de ville)		"
de Mory	(aujourd'hui rue des Écluses)		"
Mouffetard	Jardin du Roi	de 1 à 89	12.
	St Jacques	2 à 14	
	Observatoire	16 à 154	
	St Marcel	91 à la fin - 156 à la fin	

Rues, &c.	Quartiers.	N.os de maisons dépendans de chaque quartier.	
du Moulin-Joli (ruelle)	Temple	la totalité	6
des Moulins	Palais-Royal	id	2
des Moulins-Picpus	Quinze-vingts	id	8
de Moussy	Marché St. Jean	id	7
du Mouton	Arcis	N.os impairs	7
	Hôtel-de-ville	N.os pairs	3
de la Muette	Popincourt	la totalité	8
des Mulets (ruelle)	Palais-Royal	id	
de Munich	Roule	id	
au Murier	Jardin-du-Roi	id	2
du Musée (place)	Tuileries		
	Louvre		2
du Musée	Tuileries	N.os pairs	
	St. Honoré	N.os impairs	
de Naples	Roule	la totalité	
— Napoléon (quai)	Cité	id	7
de Navarin	Chaussée d'antin	id	2
de Nazareth	Palais-de-justice	id	11
— Necker	Marais	id	8
de Nemours (galerie)	Palais-Royal	id	2
de Nemours	Temple	id	6
de Neuilly (avenue)	Champs-Elysées	id	1
de Neuilly (barrière)	Champs-Elysées	id	1
de Neuilly (chemin de ronde de la barrière)	Champs-Elysées	id	1
— Neuve d'Angoulême	Temple	id	3
— Neuve de Berry	Champs-Elysées	id	
— Neuve des bons enfans	Palais-Royal	N.os impairs	
	Banque	N.os pairs	4
— Neuve-Bourg l'abbé	Porte St. Denis	la totalité	6
— Neuve-Breda	Chaussée d'antin	id	2
— Neuve de Bretagne (impasse de la rue)	(voir impasse de la rue Neuve Montmorency)		

3

Rues, &ca.	Quartiers.	Nos de maisons dépendans de chaque quartier.	
Neuve-de-Bretagne	Marais	La totalité	8
Neuve-des-Capucines	Place-Vendôme	id	1
Neuve-de-Chabrol	Faub. St Denis	id	5
Neuve-du-Colombier	Marais	id	8
Neuve-Coquenard	Faub. Montmartre	id	2
Neuve-de-la-Fidélité	Faub. St Denis	id	5
Neuve-Guillemin	Luxembourg	id	11
Neuve-de-Lappe	Popincourt	id	8
Neuve-de-Luxembourg	Tuileries	de 1 à 5 — 9 à 12	4
	Place-Vendôme	7 à la fin — 14 à la fin	
Neuve-de-Madame	(réunie à la rue de Madame)		
Neuve-Malar	Invalides	La totalité	10
Neuve-des-Mathurins	Place-Vendôme	de 1 à 91 — 2 à 102	1
	Roule	93 à la fin — 104 à la fin	
Neuve-Ménilmontant (impasse de la rue)	Marais	La totalité	8
Neuve-Ménilmontant	Marais	id	8
Neuve-de-Montmorency	Feydeau	id	2
Neuve-Notre-Dame	Cité	id	9
Neuve-des-Petits-champs	Palais-Royal	Nos impairs	2
	Mail	de 2 à 6	3
	Feydeau	8 à 72	2
	Place-Vendôme	74 à la fin	1
Neuve-des-Petits-Pères	Mail	La totalité	3
Neuve-Plumet	Invalides	id	10
Neuve-des-Poirées	Sorbonne	id	11
Neuve-Popincourt	Popincourt	id	8
Neuve-Richelieu	Sorbonne	id	11
Neuve-St Anastase	Arsenal	id	9
Neuve-St Augustin	Feydeau	de 1 à 21 — 2 à 32	2
	Place-Vendôme	23 à la fin — 34 à la fin	1
Neuve-Ste Catherine	Marais	des 1-3 — Nos pairs	8
	Marché-St Jean	le no 25	7

Rues, &c.	Quartiers.	N°s des maisons dépendant de chaque quartier	Quantier
Neuve-Ste Croix	(voir rue Ste Croix)	"	"
Neuve-St Denis (passage ou ruelle de la rue)	(voir passage de la Longue-allée)	"	"
Neuve-St Denis	Porte-St Denis	La totalité	6
Neuve-St Étienne-Bonne-Nouvelle	Bonne-Nouvelle	id	5
Neuve-St Étienne-St Marcel	Jardin-du-Roi	id	12
Neuve-St Eustache	Montmartre	id	3
Neuve-St François	Marais	id	8
Neuve-Ste Geneviève	Observatoire	id	12
Neuve-St Georges	Chaussée-d'Antin	id	2
Neuve-St Gilles	Marais	id	8
Neuve-St Jean	Faub. St Denis	id	5
Neuve-St Laurent	St Martin-des-Champs	id	6
Neuve-Ste Marc	Feydeau	id	2
Neuve-St Martin	St Martin-des-Champs	id	6
Neuve-St Maur	Popincourt	id	8
Neuve-St Médard	Jardin-du-Roi	id	12
Neuve-St Merri	Ste Avoie	id	7
Neuve-St Nicolas	Porte-St Martin	id	5
Neuve-St Paul	Arsenal	id	9
Neuve-St Pierre	Marais	id	8
Neuve-St Roch	Palais-Royal	id	2
Neuve-St Sauveur	Bonne-Nouvelle	id	5
Neuve-Samson	Porte-St Martin	id	5
Neuve-Soufflot (projetée)	Sorbonne	id	11
de Nevers (impasse)	Monnaie	id	10
de Nevers	Monnaie	id	10
de Newton	Champs-Élysées	id	1
Nicolet	Invalides	id	10
Noir (passage)	Palais-Royal	id	

Rues, &c.	Quartiers.	N.os de maisons dépendans de chaque quartier.	
des Nonaindières	{ Hôtel-de-ville	N.os impairs	} 9
	Arsenal	N.os pairs	
de Nord	Faub. Poissonnière	La totalité	3
de Normandie	Temple	id	6
— Notre-Dame (cloître)	Cité	id	9
— Notre-Dame (pont)	{ Arcis	(au nord)	7
	Cité	(au midi)	9
— Notre-Dame de Bonne-nouvelle	Bonne-Nouvelle	La totalité	5
— Notre-Dame-des-champs	Luxembourg	id	11
— Notre-Dame-de-Grâce	Roule	id	1
— Notre-Dame-de-Lorette	Chaussée-d'antin	id	2
— Notre-Dame-de-Nazareth	St Martin-des-champs	id	6
— Notre-Dame-de-Recouvrance	Bonne-nouvelle	id	5
— Notre-Dame-des-Victoires	{ Mail	N.os pairs — dos à 15 b.is	3
	Feydeau	Le Surplus	2
de Noyers (passage)	St Jacques	La totalité	12
des Noyers	St Jacques	id	12
— Oblin	Banque	id	4
de l'Observance	École-de-médecine	id	11
de l'Observatoire (avenue)	Observatoire	id	12
de l'Observatoire (carrefour)	Luxembourg	id	11
de l'Odéon (carrefour)	{ École-de-médecine	N.os impairs	} 11
	Luxembourg	N.os pairs	
de l'Odéon (place)	École-de-médecine	La totalité	11
de l'Odéon	École-de-médecine	id	11
— Oginard	Lombards	id	6
des Oiseaux	Mont-de-Piété	id	7
d'Olivet	St Thomas	id	10
— Olivier St Georges	Chaussée d'antin	id	2
de l'Opéra (galeries et passages)	Chaussée-d'antin	id	2

Rues, &c.	Quartiers	N.ᵒˢ de maisons dépendans de chaque quartier	
de l'Orangerie	St. Marcel	la totalité	12
de l'Oratoire-du-Louvre (place)	St. Honoré	id	3
de l'Oratoire-du-Louvre	St. Honoré	id	4
de l'Oratoire-du-Roule	Champs-Élysées	id	1
d'Orçay (pont)	Faub. St. Germain	id	10
d'Orçay (quai)	Faub. St. Germain / Invalides	de 1 à 35 / 37 à la fin	10
des Orfèvres (quai)	Palais-de-Justice	la totalité	11
des Orfèvres	Louvre	id	4
de l'Orillon	Temple	id	6
d'Orléans (cité)	Faub. St. Denis	id	5
d'Orléans (galerie)	Palais-Royal	id	2
d'Orléans (quai)	Ile-St-Louis	id	9
d'Orléans (au marais)	Mont-de-Piété	id	7
d'Orléans-St-honoré	Banque	id	4
d'Orléans-St-Marcel	St. Marcel	id	12
de l'Orme (carrefour)	hôtel-de-ville	id	9
de l'Orme	arsenal	id	3
des Ormeaux	Faub. St. antoine	id	8
des Ormes (avenue)	Faub. St. antoine	id	8
des Ormes (quai)	arsenal / hôtel-de-ville	de 2 à 24 / 26 à la fin	9
d'Ormesson	Marais	la totalité	8
d'Orsay (pont et quai)	(Voir le mot Orçay)		
des Orties	Palais-Royal	la totalité	2
de l'Oseille	Marais	id	8
de l'Ouest	Luxembourg	id	11
aux Ours	Lombards / Porte St. Denis	N.ᵒˢ impairs / N.ᵒˢ pairs	6
de l'Oursine (barrière et rue)	(Voir au mot Lourcine)		

Rues, &c.	Quartiers.	N.os de maisons dépendantes de chaque quartier.	Arrondiss.t
— Pagevin	Mail	La totalité	3.
ou Paillassons (barrière) . . .	Invalides	id	10.
des Paillassons (Ch.in de ronde de la barrière)	Invalides	id	10.
au Paillassons (puits) . . .	Invalides	id	10.
de la Paix	Place-Vendôme . .	id	1.
du Palais-Bourbon (place) . .	{ Faub. S.t Germain . . . { Invalides . . .	83 à 91 } de la rue de 93 à 101 } l'Université.	10. 10.
du Palais-de-Justice (cour et passage)	Palais-de-Justice . .	La totalité	11.
du Palais-de-Justice (place) . .	Cité	id	9.
du Palais-Royal (place) . .	{ S.t Honoré . . . { Tuileries . . .	225 à 231 } de la rue 233 à 249 } S.t Honoré	4. 1.
— Palatine	Luxembourg . . .	La totalité	11.
du Panier-fleuri (passage) . .	S.t Honoré . . .	id	4.
des Panoramas (passage) . .	Feydeau	id	2.
du Panthéon (place) . . .	S.t Jacques . . .	id	12.
de Pantin (barrière) . . .	Porte S.t Martin . .	id	5.
de Pantin (Chemin de ronde de la barrière)	Porte S.t Martin . .	id	5.
rue Paon-S.t André (impasse) .	École-de-Médecine .	id	11.
du Paon-S.t André	École-de-Médecine .	id	11.
du Paon-S.t Victor	Jardin-du-Roi . .	id	12.
— Papillon	Faub. Montmartre .	id	2.
le Paradis (au Marais) . . .	Mont-de-Piété . .	id	7.
de Paradis-Poissonnière . . .	Faub. Poissonnière .	id	3.
du Parc-Royal	Marais	id	8.
de la Parcheminerie	Sorbonne . . .	id	11.
de Paris	Roule	id	1.
— Parmentier (avenue) . .	Popincourt . . .	id	8.
du Parvis-Notre-Dame (place)	Cité	id	9.
du Pas-de-la-Mule	Marais	id	8.
— Pascal	S.t Marcel . . .	id	12.

	Rues, &c.	Quartiers.	N.os de Maisons dépendantes de chaque quartier	
du	Passage-Coudrier (impasse)	Place-Vendôme	la totalité	1.
de	Passy (barrière)	Champs-Elysées	id.	1.
—	Pastourel	Mont-de-Piété	id.	7.
des	Patriarches (marché ou rue)	St. Marcel	id.	12.
—	Pauquet	Champs-Elysées	id.	1.
—	Pavée (au Marais)	Marché St. Jean	id.	7.
—	Pavée-St. André-des-arts	École-de-Médecine	id.	11.
—	Pavée-St. Sauveur	Montorgueil	id.	5.
des	Pavillons (passage)	Palais-Royal	id.	1.
—	Payenne	Marais	id.	8.
—	Pecquay (passage)	Mont-de-Piété	id.	7.
des	Peintres (impasse)	Porte-St. Denis	id.	6.
—	Pelée (ruelle)	Popincourt	id.	8.
des	Pélerins-St. Jacques	Montorgueil	id.	5.
du	Pélican	Banque	id.	4.
de la	Pelleterie	Cité	id.	9.
—	Pelletier (quai)	Arcis	id.	7.
de la	Pépinière	Roule	id.	1.
—	Percée	Temple	id.	6.
—	Percée-St. André	École de Médecine	id.	11.
—	Percée-St. Paul	Arsenal	id.	4.
du	Perche	Mont-de-Piété	id.	
—	Perdue	St. Jacques	id.	12.
—	Pérignon	Invalides	id.	
di	Périgueux	Temple	id.	5.
de la	Perle	Marais	id.	8.
de	Perpignan	Cité	id.	4.
—	Perrée	Temple	id.	
—	Perrin-Gasselin	{ Louvre { Marchés	N.os impairs N.os pairs	} 4.

(56)

Rues, &c.	Quartiers.	Nos de maisons dépendans de chaque quartier	
— Petite-rue-des-Arcis	Invalides	La totalité	10.
des Petits-Augustins	Monnaie	id	10.
— Petite-rue d'Austerlitz	St Marcel	id	12.
— Petite-rue-du-Bac	St Thomas	id	10.
du Petit-Banquier	St Marcel	id	12.
de la Petite-Bastille (impasse)	Louvre	id	4.
de la Petite-Boucherie (passage et rue)	Monnaie	id	10.
du Petit-Bourbon	Luxembourg	id	11.
du Petit-Carreau	Montmartre	Nos impairs	3.
	Montorgueil	de 2 à 22	} 5
	Bonne-Nouvelle	24 à la fin	
de la Petite-Chaise (passage)	Arcis	La totalité	7.
du Petit-Champ	St Marcel	id	12.
des Petits-Champs-St-Martin	Ste Avoie	id	7.
— Petite-rue-Chevert	Invalides	id	10.
de la Petite-Corderie (cour)	(voir au mot Corderie)	"	"
de la Petite-Corderie	Temple	La totalité	6.
du Petit-Crucifix	Lombards	id	6.
des Petites-Écuries (cour et passage)	Faub. Poissonnière	id	3.
des Petites-Écuries	Faub. Poissonnière	id	3.
de la Petite-Friperie	Marchés	id	4.
des Petits-Hôtels	Faub. Poissonnière	id	3.
du Petit-Hurleur	Porte St Denis	id	6.
— Petite-rue d'Ivry	(voir rue d'Ivry)	"	"
— Petite-rue-La-Vrillière	(aujourd'hui rue de la Banque)	"	"
du Petit-Lion-St-Sauveur	Montorgueil	La totalité	5.
du Petit-Lion-St-Sulpice	Luxembourg	id	11.
— Petite-rue-Mademoiselle	St Thomas	id	10.
— Petite-rue de Marivaux	Lombards	id	6.
du Petit-Moine	St Marcel	id	12.

Rues, &c.	Quartiers.	N.os de Maisons dépendans de chaque quartier.	
du Petit-Musc	Arsenal	La totalité	9
Petite-rue-Neuve-St-Gilles	(réunie à la rue des Tournelles)		
des Petits-Pères (carrefour)	Mail	La totalité	3
des Petits-Pères (passage)	Mail	id	3
des Petits-Pères (place)	Mail	id	3
Petit-Pont (le)	Cité	id	9
du Petit-Pont	{ St Jacques	N.os impairs	12
	{ Sorbonne	N.os pairs	11
du Petit-Reposoir	Mail	La totalité	3
de la Petite rue de Reuilly (impasse)	Quinze-Vingts	id	8
Petite rue de Reuilly	Quinze-Vingts	id	8
du Petit-St-Antoine (passage)	Marché St-Jean	id	7
Petite rue St-Pierre	Popincourt	id	8
Petite rue Taranne	Monnaie	id	10
du Petit-Thouars	Temple	id	6
de la Petite-Truanderie	Montorgueil	id	5
Petite rue-Verte	Roule	id	1
Pétrelle	Faub. Montmartre	id	2
Phélippeaux	St-Martin-des-champs	id	6
Philibert (cour)	Temple	id	6
de Picpus (barrière)	Quinze-Vingts	id	8
de Picpus (chemin de ronde de la barrière)	Quinze-Vingts	id	8
de Picpus	Quinze-Vingts	id	8
Pierre-Assis	St-Marcel	id	12
Pierre-au-Lard	Ste-Avoie	id	7
Pierre-Lescot	St-Honoré	id	4
Pierre-Levée	Temple	id	5
Pierre-Lombard	St-Marcel	id	12
Pierre-à-Poisson	Louvre	id	4

(58.)

Rues, &a.	Quartiers	N°s. de Maisons dépendans de chaque quartier	
Pierre-Sarrazin	École-de-Médecine . .	La totalité	11.
aux Pierres-St-Leu (pour) . .	Champs-Élysées . . .	id	1.
—— Pigalle (barrière et Chemin de ronde).	(voir au mot Montmartre) .	"	"
—— Pigalle	Chaussée d'Antin . .	La totalité	2.
des Piliers-Potiers-d'Étain . .	Marchés . . .	id	4.
—— Pinon	Chaussée d'Antin . .	id	2.
—— Pirouette	Montorgueil . . .	N°s. impairs	5.
	Marchés . . .	N°s. pairs	4.
de la Pitié (carrefour) . .	Jardin-du-Roi . .	La totalité	12.
de la Planche	St Thomas . . .	id	10.
—— Planche-Mibray . . .	Arcis . . .	id	7.
de la Planchette (impasse) . .	St Martin-des-Champs .	id	6.
de la Planchette (place) . .	Quinze-vingts . .	id	8.
dite Planchette	Quinze-vingts . .	id	8.
du Plat d'Étain . . .	St Honoré . . .	id	4.
du Plâtre-St-Avoie . . .	Mont-de-Piété . .	id	7.
du Plâtre-St-Jacques . . .	St Jacques . . .	id	12.
—— Plumet (impasse) . .	St Thomas . . .	id	10.
—— Plumet	St Thomas . . .	id	10.
de la Pointe-St-Eustache . . .	St Eustache . . .	N°s. impairs	3.
	Montorgueil . . .	N°s. pairs	5.
des Poirées	Sorbonne . . .	La totalité	11.
du Poirier	Ste Avoie . . .	id	7.
de la Poissonnerie (impasse) . .	Marais . . .	id	8.
—— Poissonnière (barrière et Ch.in de ronde).	(voir au mot Télégraphe) .	"	"
—— Poissonnière (boulevard) . .	Montmartre . . .	N°s. impairs	3.
	Faub. Montmartre . .	N°s. pairs	2.
—— Poissonnière . . .	Montmartre . . .	N°s. impairs	3.
	Bonne-Nouvelle . .	N°s. pairs	5.
de Poissy	Jardin-du-Roi . .	La totalité	12.
des Poitevins	École-de-Médecine .	id	11.

	Rues, &a.	Quartiers.	N.º de maisons dépendans de chaque quartier	
de	Poitiers	Faub. St. Germain	La totalité	10
de	Poitou	Mont-de-Piété	id	7
—	Poliveau	St. Marcel	id	12
—	Poliveau (ruelle)	St. Marcel	id	12
aux	Pommes de terre (marché)	Marchés	id	4
de la	Pompe (impasse)	Porte St. Martin	id	5
de la	Pompe (passage) (rue St. Honoré)	Banque	id	4
de la	Pompe	St. Marcel	id	12
de la	Pompe-à-feu (passage)	Champs-Elysées	id	1
du	Ponceau (passage)	Porte St. Denis	id	6
du	Ponceau	Porte St. Denis	id	6
du	Pont-aux-Biches St. Marcel	St. Marcel	id	12
du	Pont-aux-Biches St. Martin	St. Martin-des-Champs	id	6
du	Pont-aux-Choux	Marais	id	8
du	Pont-de-Lodi	École-de-Médecine	id	11
du	Pont-Louis-Philippe	Hôtel-de-Ville	id	9
du	Pont-neuf (passage)	Monnaie	id	10
du	Pont-neuf (place)	Palais-de-Justice	id	11
—	Pont-neuf (le)	Louvre	(au nord)	4
		Palais-de-Justice	(au midi)	11
—	Pont-Royal (le)	Tuileries	(au nord)	1
		Faub. St. Germain	(au midi)	10
du	Pont-St-Michel (place)	École de Médecine	de 44 à 54	11
		Sorbonne	43 et 45	
de	Ponthieu	Champs-Elysées	La totalité	1
de	Pontoise	Jardin-du-Roi	id	12
—	Popincourt (impasse)	Popincourt	id	8
—	Popincourt	Popincourt	id	8
des	Porcherons (carrefour)	Faub. Montmartre	id	2
du	Port-Mahon	Feydeau	id	2

Rues, &c.	Quartiers.	N.º de maisons dépendantes de chaque quartier.	
de la Porte-St-Antoine (Place)	{ Faub-St-Antoine	"	8.
	Marais		}
	Arsenal	"	9.
— Portefoin	Mont-de-Piété	La totalité	7.
des Postes	Observatoire	id	12.
du Pot-de-fer-St-Marcel	Observatoire	id	12.
du Pot-de-fer-St-Sulpice	Luxembourg	id	11.
de la Poterie-des-Arcis	Arcis	id	7.
de la Poterie-des-Halles	Marchés	id	4.
des Poules	Observatoire	id	12.
des Poulies	St Honoré	id	4.
— Poulletier	Ile-St-Louis	id	9.
— Poupée	École de Médecine	id	11.
du Pourtour-St-Gervais	Hôtel-de-Ville	id	9.
du Prado (passage)	Cité	id	9.
des Prêcheurs	Marchés	id	4.
des Prêtres-St-Étienne-du-Mont	St Jacques	id	12.
des Prêtres-St-Germain-l'auxerrois	Louvre	id	4.
des Prêtres-St-Paul	Arsenal	id	9.
des Prêtres-St-Séverin	Sorbonne	id	11.
— Princesse	Luxembourg	id	11.
du Prix-Axe (passage)	Palais-Royal	id	2.
des Prouvaires (marché)	St Eustache	id	3.
des Prouvaires (passage)	St Eustache	id	3.
des Prouvaires	St Eustache	id	3.
de Provence	Chaussée-d'Antin	id	2.
des Provenceaux (impasse)	Louvre	id	4.
du Puits-l'Ermite (place)	St Marcel et Jardin-du-Roi	"	12.
du Puits-l'Ermite	{ St Marcel	N.os impairs.	} 12.
	Jardin-du-Roi	N.os pairs.	

Rues, &c.	Quartiers	N.º de maisons dépendant de chaque quartier	
du Puits-au-Marais	Mont-de-Piété	La totalité	7.
du Puits-qui-parle	Observatoire	id	12.
du Puits-de-Rome (cour ou passage)	S.t Martin-des-champs	id	6.
— Puteaux (passage)	Roule	id	1.
— Putigneux (impasse)	Hôtel-de-ville	id	9.
des Pyramides	Tuileries	id	1.
des Quatre-Chemins (rue ou ruelle)	Quinze-vingt	id	8.
des Quatre-Fils	Mont-de-Piété	id	7.
des Quatre-Vents	Luxembourg	id	11.
— Quincampoix	Lombards	id	6.
des Quinze-vingts (passage)	Tuileries	id	1.
des Quinze-vingts	Tuileries	id	1.
— Racine	École-de-médecine	id	11.
— Radziville (passage)	Palais-Royal	id	2.
de Rambouillet	Quinze-vingt	id	8.
— Rambuteau (cette rue doit se prolonger au-delà de la q.te S.t avoie)	Mont-de-Piété / S.t avoie	de 1 à 17 — 2 à 12 / le surplus	} 7.
— Rameau	Feydeau	La totalité	9.
— Ramponeau (barrière)	Temple	id	6.
— Ramponeau Ch.in de ronde de la barrière	Temple	id	6.
de la Rapée (barrière)	Quinze-vingt	id	8.
de la Rapée (chemin de ronde de la barrière)	Quinze-vingt	id	8.
de la Rapée (pont)	Quinze-vingt	id	8.
de la Rapée (quai)	Quinze-vingt	id	8.
des Rats (Barrière)	Popincourt	id	8.
des Rats (chemin de ronde de la barrière)	Popincourt	id	8.
des Rats	(aujourd'hui rue de l'hôtel Colbert)		,,
des Rats-Popincourt	Popincourt	La totalité	8.
des Réale	Montorgueil	id	5.

(52.)

Rues, &c.	Quartiers.	N.os de maisons dépendans de chaque Quartier	N.bre de maisons par Quartier
des Récollets	Porte St Martin	La totalité	5.
des Récollettes (ruelle)	St Marcel	id	12.
du Regard	{ Luxembourg	N.os impairs	11.
	{ St Thomas	N.os pairs	10.
— Regnard	École-de-médecine	La totalité	11.
— Regrattier	Ile-St-Louis	id	9.
de Reims	St Jacques	id	12.
de la Reine-Blanche	St Marcel	id	12.
de la Reine-de-hongrie (passage)	St Eustache	id	3.
du Rempart	Palais-Royal	id	2.
du Renard (passage)	Montorgueil	id	5.
du Renard-St Merri	Ste Avoie	id	7.
du Renard-St Sauveur	Montorgueil	id	5.
— Renaud-Lefèvre	Marché St Jean	id	7.
des Réservoirs (impasse)	Champs-Elysées	id	1.
du Retiro (cour)	Roule	id	1.
de Reuilly (barrière)	Quinze-vingts	id	8.
de Reuilly (carrefour)	Quinze-vingts	id	8.
de Reuilly (chemin de ronde de la barrière)	Quinze-vingts	id	8.
de Reuilly	Quinze-vingts	id	8.
de la Réunion (passage)	Ste Avoie	id	7.
de la Reynie	(voir rue La-Reynie)	"	"
— Ribouté	Faub. Montmartre	La totalité	2.
de Richelieu (place)	Feydeau	id	2.
de Richelieu	{ Palais-Royal	de 1 à 55—2 à 56	2.
	{ Feydeau	57 à la fin—58 à la fin	
— Richepance	Place-Vendôme	La totalité	1.
— Richer	Faub. Montmartre	id	2.
— Riverin (cité)	Porte-St-Martin	id	5.

	Rues, &c.	Quartiers.	N.º de Maisons Renvoi de chaque ruelles.	
de	Rivoli (place)	Tuileries	La totalité	1
de	Rivoli	Tuileries	id	1
—	Rochechouart (barrière)	Faub. Montmartre	id	9
—	Rochechouart (Ch.ᵐⁱⁿ de ronde de la barrière)	Faub. Montmartre	id	9
—	Rochechouart	Faub. Montmartre	id	9
du	Rocher	Roule	id	1
de	Rohan (cour)	École de Médecine	id	11
de	Rohan	Tuileries	id	1
du	Roi-Doré	Marais	id	8
du	Roi-François (cour)	Porte St Denis	id	6
du	Roi-de-Sicile	Marché St Jean	id	—
—	Rollin-prend-gage (impasse)	Louvre	id	4
de	Rome (impasse)	St Martin-des-champs	id	6
de	Rome	Roule	id	1
—	Roquepine	Roule	id	1
de la	Roquette (impasse)	Popincourt	id	8
de la	Roquette	Faub. St Antoine / Popincourt	De 1 à 15 — 2 à 32 / 17 à la fin — 34 à la fin	8
de la	Roquette (ruelle)	Popincourt	La totalité	8
des	Rosiers	Marché St Jean	id	7
de la	Rotonde	Temple	id	6
de la	Rotonde-du-Temple (place)	Temple	id	6
du	Roule (barrière)	Roule — à droite / Champs-Élysées — à gauche	en sortant	1 / 1
du	Roule (campagne)	Champs-Élysées	La totalité	1
du	Roule (chemin de ronde de la barrière)	Champs-Élysées	id	1
du	Roule	St Honoré	id	4
—	Rousselet	Champs-Élysées	id	1
—	Rousselet-St germain	St Thomas	id	10
—	Royale (place)	Marais	id	8

Rues, &a.	Quartiers.	N°. de maisons dépendans de chaque quartier	Arrond.
Royale St. Antoine	Marais	la totalité	8
Royale St. Honoré	Champs-Elysées	de 1 à 17	1
	Tuileries	2 à 12	
	Place-Vendôme	14 à la fin – 19 seul	
Royale St. Martin	St. Martin-des-Champs	la totalité	6
Rumford	Roule	id	1
du Sabot	Monnaie	id	10
St. Alexandre (rue ou passage)	Porte-St-Denis	id	6
St. Ambroise (impasse)	Popincourt	id	8
St. Ambroise-Popincourt	Popincourt	id	8
St. Anastase	Marais	id	8
St. André (barrière et chemin de ronde)	(voir au mot Aunay)	"	"
St. André-des-arts (place)	École-de-médecine	la totalité	11
St. André-des-arts	École-de-médecine	id	11
St. André-Popincourt	Popincourt	id	8
Ste. Anne	Palais-de-Justice	id	11
Ste. Anne	Palais-Royal	de 1 à 49 – 2 à 58	2
	Feydeau	51 à la fin – 60 à la fin	
St. Antoine (boulevard)	Marais	de 1 à 83 bis	8
	Faub. St. Antoine	2 à 8	
	Popincourt	"	
St. Antoine	Marché-St-Jean	de 1 à 99	7
	Marais	101 à la fin	8
	Hôtel-de-ville	2 à 80	
	Arsenal	82 à la fin	9
Ste. Apolline	Porte-St-Denis	la totalité	6
Ste. Avoie (passage)	Mont-de-Piété	id	7
Ste. Avoie	Ste. Avoie	N°s impairs	7
	Mont-de-Piété	N°s pairs	
Ste. Barbe	Bonne-Nouvelle	la totalité	5
St. Benoît (carrefour)	Monnaie	id	10
St. Benoît (impasse)	Arcis	id	7

(65)

Rues, &c.	Quartiers.	N.os de maisons dépendans de chaque quartier	Arrond.t
St. Benoit (passage)	Sorbonne	la totalité	11
St. Benoit	{ Monnaie	id	10
St. Benoit	{ Monnaie	id	10
St. Benoit-St. Martin	St. Martin-des-champs	id	6
St. Bernard (impasse)	Faub. St. Antoine	id	8
St. Bernard (quai)	Jardin-du-Roi	id	12
St. Bernard	Faub. St. Antoine	id	8
St. Bon	Arcis	id	7
Ste. Catherine (marché)	Marais	id	8
Ste. Catherine	Sorbonne	id	11
de la Ste. Chapelle (cour)	Palais-de-justice	id	11
St. Charles (cité)	Invalides	id	10
St. Charles (pont)	Cité	id	9
St. Chaumont (contre-passage)	Porte St. Denis	id	5
St. Christophe	Cité	id	9
St. Claude (impasse)	{ Mail	id	3
St. Claude (impasse)	{ Marais	id	8
St. Claude	Bonne-Nouvelle	id	5
St. Claude	Marais	id	8
Ste. Clotilde (rue)	(voir au mot Clotilde)	"	"
Ste. Croix (place)	Place-Vendôme	la totalité	1
Ste. Croix d'antin	Place-Vendôme	id	1
Ste. Croix de la Bretonnerie (impasse)	Marché St. Jean	id	7
Ste. Croix de la Bretonnerie	{ Marché St. Jean	N.os impairs	7
Ste. Croix de la Bretonnerie	{ Mont-de-Piété	N.os pairs	7
Ste. Croix en la Cité	Cité	la totalité	
St. Denis (barrière)	{ Faub. Poissonnière, à gauche	en entier	3
St. Denis (barrière)	{ Faub. St. Denis, à droite		5
St. Denis (boulevard)	{ Porte St. Denis	N.os impairs	5
St. Denis (boulevard)	{ Faub. St. Denis	N.os pairs	5
St. Denis (Ch.n de ronde de la barrière)	Faub. Poissonnière	la totalité	3

3.

(06)

Rues, &a.	Quartiers.	N.o de Maisons dépendans de chaque quartier	Arrondis.t
St Denis (passage)	Portes St Denis	La totalité	6.
St Denis	Louvre	de 1 à 23	4.
	Marchés	25 à 145	
	Montorgueil	147 à 295	5.
	Bonne-Nouvelle	297 à la fin	
	Louvre	2 et 4	4.
	Lombards	6 à 202	6.
	Portes St Denis	204 à la fin	
St Denis-St Antoine	Faub. St Antoine	La totalité	8.
St Dominique d'Enfer (impasse)	Observatoire	id	12.
St Dominique d'Enfer	Observatoire	N.os impairs	12.
	Sorbonne	N.os pairs	11.
St Dominique-St Germain	Faub. St Germain	de 1 à 103 - 2 à 92	10.
	Invalides	105 à la fin - 94 à la fin	
St Elisabeth	St Martin-des-Champs	La totalité	6.
St Eloi	Cité	id	9.
St Etienne-des-Grés	St Jacques	id	12.
St Etienne-du-Mont (impasse)	St Jacques	id	12.
St Etienne-du-Mont (place)	(voir place du Carré-St Geneviève)		
St Eustache (passage)	St Eustache	La totalité	3.
St Faron (impasse)	Marché St Jean	id	7.
St Fiacre (impasse)	Lombards	id	6.
St Fiacre	Montmartre	id	3.
St Florentin	Tuileries	id	1.
Ste Foy (galerie ou passage)	Bonne-Nouvelle	id	5.
Ste Foy	Bonne-Nouvelle	id	5.
Ste Geneviève (allée)	Champs-Elysées	id	1.
Ste Geneviève (place)	St Jacques	id	12.
St Georges (place)	Chaussée-d'Antin	id	2.
St Georges	Chaussée d'Antin	id	2.
St Germain (marché)	Luxembourg	id	11.
St Germain l'Auxerrois (place)	Louvre	id	4.

(67.)

Rues, &c.	Quartiers.	N.º de maisons dépendans de chaque quartier	
St Germain-l'auxerrois	Louvre	la totalité	4
St Germain-des-Prés (place)	Monnaie	id	10
St Germain-des-Prés	Monnaie	id	10
St Gervais (passage)	Hôtel-de-ville	id	9
St Gervais	Marais	id	8
St Guillaume (cour)	Faub-Montmartre	id	2
St Guillaume (cour et passage)	Palais-Royal	id	2
St Guillaume	Faub. St Germain	id	10
St Hilaire	(voir rue du Mont-St Hilaire)		
St Hippolyte (carrefour)	St Marcel	la totalité	12
St Hippolyte	St Marcel	id	12
St Honoré (marché)	Palais-Royal	id	2
St Honoré	St Honoré	de 1 à 231	4
	Tuileries	233 à la fin	1
	Marchés	2 à 94	1
	St Eustache	96 à 74	5
	Banque	76 à 192	4
	Palais-Royal	194 à 354	2
	Place Vendôme	356 à la fin	1
St Hugues	St Martin-des-champs	la totalité	6
St Hyacinthe-St Honoré	Palais-Royal	id	2
St Hyacinthe-St Michel	Sorbonne	id	11
St Jacques (barrière)	(voir barrière d'Arcueil)		
St Jacques (boulevard)	St Marcel	2 ou 4	12
	Observatoire	6 à la fin	
St Jacques	St Jacques	de 1 à 161	
	Observatoire	163 à la fin	
	Sorbonne	2 à 202	11
	Observatoire	204 à la fin	12
St Jacques-la-Boucherie (cour)	Lombarde	la totalité	
St Jacques-la-Boucherie (impasse)	Lombarde	id	
St Jacques-la-Boucherie (marché)	(voir Marché de la Cour du Commerce)		

(68.)

Rues, &a.	Quartiers.	N.os des maisons dépendantes de chaque quartier	Arrondt
St Jacques-la-Boucherie (passage)	Lombards	La totalité	6.
St Jacques-la-Boucherie (place)	Lombards	id	6.
St Jacques-la-Boucherie	Arcis	de 1 à 27	7.
	Louvre	29 à la fin	4.
	Lombards	N.os pairs	6.
St Jean-Baptiste	Roule	La totalité	1.
St Jean-de-Beauvais	St Jacques	id	12.
St Jean au Gros-Caillou	Invalides	id	10.
St Jean-de-Latran (cour, toutes ses passages)	St Jacques	id	12.
St Jean-de-Latran	St Jacques	id	12.
St Jérôme	Arcis	id	7.
St Joseph (cour)	Faub. St Antoine	id	8.
St Joseph (marché)	Montmartre	id	3.
St Joseph	Montmartre	id	3.
St Jules	Faub. St Antoine	id	8.
St Julien-le-Pauvre	St Jacques	id	12.
St Landry	Cité	id	9.
St Laurent-Poissonnière (impasse)	(Supprimée. — Voir rue Mazagran)		"
St Laurent (marché ou foire)	Faub. St Denis	La totalité	5.
St Laurent (place)	Faub. St Denis	id	5.
St Laurent	Faub. St Denis	id	5.
St Lazare (impasse)	Faub. St Denis	id	5.
St Lazare	Chaussée d'antin	de 1 à 79 — 2 à 78	2.
	Place-Vendôme	81 à la fin	1.
	Roule	80 à la fin	
St Louis (cour et passage)	Faub. St Antoine	La totalité	8.
St Louis (impasse)	(aujourd'hui rue Alibert)		"
St Louis (passage)	Arsenal	La totalité	9.
St Louis-en-l'Ile (marché)	Ile St Louis	id	9.
St Louis-en-l'Ile	Ile St Louis	id	9.
St Louis au Marais	Marais	id	8.

Rues, &c.	Quartiers	N°ˢ de maisons dépendans de chaque quartier	
St Louis-St Honoré	Tuileries	La totalité	1.
St Magloire (impasse et passage)	Lombards	id	6.
St Magloire	Lombards	id	6.
de St Mandé (avenue)	Quinze-vingts	id	8.
de St Mandé (barrière)	Quinze-vingts	id	8.
de St Mandé (ch.ⁿ de ronde de la barrière)	Quinze-vingts	id	8.
St Marc (carrefour)	Feydeau	id	2.
St Marc (galerie)	Feydeau	id	2.
St Marc	Feydeau	id	2.
St Marcel (cloître)	St Marcel	id	12.
St Marcel (place)	St Marcel	id	12.
St Marcel	St Marcel	id	12.
St Marcou	St Martin-des-champs	id	6.
Ste Marguerite-St Antoine (place)	Faub. St Antoine	id	8.
Ste Marguerite-St Antoine	Faub. St Antoine	id	8.
Ste Marguerite-St Germain (place)	Monnaie	id	10.
Ste Marguerite-St Germain	Monnaie	id	10.
Ste Marie (avenue)	Champs-Elysées	id	1.
Ste Marie (barrière)	Champs-Elysées	id	1.
Ste Marie (passage)	{ Champs-Elysées	id	1.
	Faub. St Germain	id	10.
	Popincourt	id	8.
Ste Marie	Faub. St Germain	id	10.
Ste Marine (impasse)	Cité	id	9.
Ste Marthe	Monnaie	id	10.
St Martial (impasse)	Cité	id	9.
St Martin (boulevard)	{ St Martin-des-champs	N°ˢ impairs	6.
	Porte St Martin	N°ˢ pairs	5.
St Martin (impasse)	St Martin-des-champs	La totalité	6.
St Martin (marché)	St Martin-des-champs	id	6.

Rues, &c.	Quartiers.	Nos. de Maisons dépendantes de chaque quartier	
St. Martin	Lombards	de 1 à 135	6.
	Porte-St-Denis	137 à la fin	
	Ste. Avoie	2 à 160	7.
	St. Martin-des-champs	162 à la fin	6.
St. Maur (marché)	Porte-St-Martin	La totalité	5.
St. Maur (passage)	St. Thomas	id	10.
St. Maur-Popincourt	Popincourt	de 1 à 17 – 2 à 40	8.
	Temple	17 bis à 51 – 42 à 114	6.
	Porte-St-Martin	53 à la fin – 116 à la fin	5.
St. Maur-St. Germain	St. Thomas	la totalité	10.
St. Maur-St. Martin	St. Martin-des-champs	id	6.
St. Médard (carrefour)	St. Marcel et Observatoire	" "	12.
St. Merri	(voir rue Neuve St. Merri)	"	"
St. Michel (place)	École-de-médecine	de 2 à 6	11.
	Sorbonne	8 à 16	
St. Michel (pont)	Cité		9.
	Palais-de-Justice	au Nord	11.
	École de Médecine	(au Midi)	11.
St. Michel (quai)	Sorbonne	La totalité	11.
St. Michel	Roule	id	1.
St. Nicaise	Tuileries	id	1.
St. Nicolas (impasse)	St. Martin-des-champs	id	6.
St. Nicolas (pont)	Tuileries	id	1.
St. Nicolas d'Antin	Place-Vendôme	id	1.
St. Nicolas des Champs (Cloître et place)	St. Martin-des-champs	id	6.
St. Nicolas du Chardonnet	Jardin-du-Roi	id	12.
St. Nicolas-St. Antoine	Quinze-Vingts	id	8.
Ste. Opportune (impasse)	Porte-St-Martin	id	5.
Ste. Opportune (place)	Marchés	id	4.
Ste. Opportune	Marchés	id	4.
St. Paul (pont)	Arsenal	id	9.
St. Paul (quai)	Arsenal	id	9.

Rues, &a.	Quartiers.	Nbre de Maisons dépendans de chaque quartier	
St Paul	Arsenal	La totalité	9.
St Paxent	St Martin-des-champs	id	6.
des Sts Pères (port)	Monnaie	id	10.
des Sts Pères	Monnaie	Nos impairs	} 10.
	Faub. St Germain	Nos pairs	
de St Petersbourg	Roule	La totalité	1.
St Philippe Bonne-Nouvelle	Bonne-Nouvelle	id	5.
St Philippe St Martin	St Martin-des-champs	id	6.
St Pierre (impasse)	{ Mail	id	3.
	Marais	id	8.
St Pierre (passage)	{ Arsenal	id	9.
	Popincourt	id	8.
St Pierre-des-Arcis	(réunie à la rue Gervais-Laurent)	"	
St Pierre-aux-Boeufs	(remplacée par la rue d'Arcole)	"	
St Pierre-Montmartre	Mail	La totalité	3.
St Pierre-Popincourt	Popincourt	id	8.
St Placide	St Thomas	id	10.
St Roch (passage)	Palais-Royal	id	2.
St Roch	Montmartre	id	3.
St Romain	St Thomas	id	10.
St Sabin (impasse)	Popincourt	id	8.
St Sabin	Popincourt	id	8.
St Sabin (ruelle)	Popincourt	id	8.
St Sauveur	Montorgueil	id	5.
St Sébastien (impasse)	Popincourt	id	8.
St Sébastien	Popincourt	id	8.
St Severin	Sorbonne	id	11.
St Spire	Bonne-Nouvelle	id	5.
St Sulpice (place)	Luxembourg	id	11.
St Thomas-d'Aquin (place)	Faub. St Germain	id	10.

Rues, &c.	Quartiers.	N.º de maisons dépendans de chaque quartier	Arrondissement
St Thomas-d'Aquin	Faub. St Germain	La totalité	10
St Thomas d'Enfer	Sorbonne	id	11
St Thomas-du-Louvre	Tuileries	id	1
St Vannes (place)	St Martin-des-champs	id	6
St Victor (carrefour)	Jardin-du-Roi	id	12
St Victor (place)	Jardin-du-Roi	id	12
St Victor	Jardin-du-Roi	id	12
St Vincent-de-Paule	Faub. St Germain	id	10
Saintonge	Temple	id	6
Salembrière	Sorbonne	id	11
Salle-au-Comte	Lombards	id	6
Salle-Neuve	Palais-de-Justice	id	11
de Salpêtres (place)	Arsenal	id	9
de la Salpêtrière (place)	St Marcel	id	12
Sanson	Porte-St Martin	id	5
de la Santé (barrière)	{Observatoire — à droite / St Marcel — à gauche}	en sortant	{12 / 12}
de la Santé	{Observatoire / St Marcel}	{de 1 à 15 — 2 à 16 / le surplus}	12
de Sartine	Banque	La totalité	4
Saucède (passage)	Porte-St Denis	id	6
Saulnier (passage)	Faub. Montmartre	id	2
du Saumon (passage)	Montmartre	id	3
de la Saunerie	Louvre	id	4
des Saussaies	Roule	id	1
de Savoie	École-de-Médecine	id	11
de la Savonnerie	Lombards	id	6
de Saxe (avenue)	Invalides	id	10
Scipion (place)	St Marcel	id	12
Scipion	St Marcel	id	12

Rues, &c.	Quartiers.	N.º de maisons dépendans de chaque quartier.	Arrondissement.
de Ségur (avenue)	Invalides	La totalité	10.
de Seine-St-Germain	Monnaie	de 1 à 83 – 2 à 60	10.
	Luxembourg	85 à la fin – 62 à la fin	11.
de Seine-St-Victor	(aujourd'hui rue Cuvier)	"	0
du Sentier	Montmartre	La totalité	3.
des Sept-voies	St Jacques	id	12.
— Serpente	École-de-Médecine	id	11.
— Servandoni	Luxembourg	id	11.
de Sèvres (barrière)	Invalides — à droite St Thomas — à gauche } en sortant	{ 10. 10.
de Sèvres (Chemin de ronde de la barrière)	Invalides	La totalité	10.
de Sèvres (marché de la rue)	St Thomas	id	10
de Sèvres	St Thomas	Nos impairs 1 à 104 }	10.
	Invalides	106 à la fin	
— Simon-Tiner (ruelle)	(réunie à la rue des Teinturiers)		"
— Simon-le-Franc	Ste Avoie	La totalité	7.
des Singes	Mont-de-Piété	id	7.
des Sœurs (impasse)	St Marcel	id	12.
du Soleil-d'or (passage)	Roule	id	1.
— Soly	Mail	id	3.
— Sorbonne (place)	Sorbonne	id	11.
— Sorbonne	Sorbonne	id	11.
— Soufflot	St Jacques	id	12.
des Soupirs (avenue)	(aujourd'hui avenue du Bel-air)		"
de la Sourdière	Palais-Royal	La totalité	2.
— Sourdin (impasse)	Louvre	id	4.
— Stanislas	Luxembourg	id	11.
de Stockholm	Roule	id	1.
de Suffren (avenue)	Invalides	id	10.
de Sully	Arsenal	id	9.

Rues, &ca.	Quartiers	N.os de maisons dépendans de chaque quartier	
de Surène	Place-Vendôme	de 1 à 11 — 2 à 10	1
	Roule	13 à la fin — 12 à la fin	
de la Tabletterie	Marchés	La totalité	1
de la Tacherie	Arcis	id	7
— Taillepain (impasse ou rue)	Ste Avoie	id	7
— Taitbout	Chaussée-d'antin	id	2
de la Tannerie	Arcis	id	7
— Taranne	Monnaie	id	10
des Teinturiers	Arcis	id	7
du Télégraphe (barrière)	Faub. Poissonnière — à droite	} en sortant	3
	Faub. Montmartre — à gauche		2
du Télégraphe (Chm de ronde de la barrière)	Faub. Montmartre	La totalité	2
du Temple (boulevard)	Temple	id	6
du Temple (cirque ou marché)	Temple	id	6
du Temple	Ste Avoie	de 1 à 27	7
	St Martin-des-champs	29 à la fin	6
	Mont-de-Piété	2 à 78	7
	Temple	78 bis à la fin	6
— Terrai	(aujourd'hui rue Stanislas)		4
des Terres-Fortes	Arsenal	Nos impairs	9
	Quinze-vingts	Nos pairs	8
— Thérèse	Palais-Royal	La totalité	2
— Thévenot	Montorgueil	Nos impairs	} 5
	Bonne-Nouvelle	Nos pairs	
— Thibautodé (Thibault-aux-dez)	Louvre	La totalité	4
— Thierré (passage)	Popincourt	id	8
— Thiroux	Place-Vendôme	id	1
— Thorigny	Marais	id	8
— Tiquetonne	St Eustache	id	3
— Tirechape	St Honoré	id	4
— Tiron	Marché St Jean	id	7

Rues, &c.	Quartiers.	N.os de Maisons dépendans de chaque quartier.	
de Tivoli (impasse)	Chaussée d'Antin	La totalité	2.
de Tivoli (passage)	Roule	id	1.
de Tivoli	Roule	id	1.
de la Tixeranderie	Arcis	De 1 à 29 – 2 à 22	7.
	Marché S.t Jean	31 à la fin	9.
	Hôtel-de-ville	24 à la fin	
de la Tonnellerie	S.t Eustache	De 1 à 79	3.
	Montorgueil	81 à la fin	5.
	Marchés	N.os pairs	4.
de la Tour-d'Auvergne (impasse et rue)	(Voir au mot la Tour d'Auvergne)		"
de la Tour-des-Dames	Chaussée d'Antin	La totalité	2.
de la Tour-du-Temple	Temple	id	6.
de Touraine-au-Marais	Mont-de-Piété	id	7.
de Touraine-S.t Germain	École-de-médecine	id	11.
de la Tournelle (pont)	Ile-S.t Louis	(au nord)	9.
	Jardin-du-Roi	(au midi)	12.
de la Tournelle (quai)	Jardin-du-Roi	La totalité	12.
de la Tournelle	Jardin-du-Roi	id	12.
des Tournelles	Marais	id	8.
du Tourniquet S.t Jean	(fait aujourd'hui partie de la rue Lobau)		
de Tournon	Luxembourg	La totalité	11.
de Tourville (avenue)	Invalides	id	10.
Toustain	Luxembourg	id	11.
de Tracy	Porte S.t Denis	id	6.
Trainée	S.t Eustache	id	3.
Transnonnain	S.te Avoie	De 1 à 23 – 2 à 16	7.
	S.t Martin-des-champs	25 à la fin – 18 à la fin	6.
Traverse	S.t Thomas	La totalité	10.
Traversière S.t Antoine	Quinze-Vingts	id	8.
Traversière S.t Honoré	Palais-Royal	id	2.

Rues, &c.	Quartiers.	N.º de maisons dépendans de chaque quartier.	totalité générale
Traversine	Jardin-du-Roi	La totalité	12
de la Treille (impasse ou passage)	Louvre	id	4
de la Treille (passage)	Luxembourg	id	11
de Trévise	Faub. Montmartre	id	2
de la Trinité (cul-de-sac ou passage)	Porte-St-Denis	id	6
des Triomphes (avenue)	Faub. St-Antoine	id	8
Triperet	Jardin-du-Roi	id	12
de la Triperie	Invalides	id	10
aux Tripes (pont)	St-Marcel	id	12
Trognon	Lombards	id	6
des Trois-Bornes	Temple	id	6
des Trois-Canettes	Cité	id	9
des Trois-Chandeliers	Sorbonne	id	11
des Trois-Chandeliers (cul-de-sac)	Quinze-vingts	id	8
des Trois-Couronnes (barrière)	Temple	id	6
des Trois-Couronnes (Ch.de ronde de la bar.)	Temple	id	6
des Trois-Couronnes-St-Marcel	St-Marcel	id	12
des Trois-Couronnes-du-Temple	Temple	id	6
des Trois-Cuillers (passage)	Lombards	id	6
des Trois-Frères (impasse)	Quinze-vingts	id	8
des Trois-Frères	Chaussée-d'Antin	id	2
des Trois-Maries (place)	Louvre	id	4
des Trois-Maures	Lombards	id	6
des Trois-Pavillons	Marais	id	8
des Trois-Pistolets	Arsenal	id	9
des Trois-Portes	St-Jacques	id	12
des Trois-Sabres (rue ou ruelle)	Quinze-vingts	id	8
Trouvhet	Place-Vendôme	id	1
du Trône (barrière)	Quinze-vingts — à droite / Faub. St-Antoine — à gauche } en sortant		8 / 8

Rues, &c.	Quartiers.	Nos de maisons dépends de chaque quartier	
du Trône (chemin de ronde de la barrière)	Faub. St Antoine	La totalité	8.
du Trône (place)	Faub. St Antoine	Nos impairs	8.
	Quinze-Vingts	Nos pairs	
— Trouvée	Quinze-Vingts	La totalité	8.
de Trudaine (avenue)	Faub. Montmartre	id	2.
— Trudon	Place-Vendôme	id	1.
de la Tuerie	Arcis	id	7.
des Tuileries (quai)	Tuileries	id	1.
aux Tuiles en Ardoises (pont)	St Jacques	id	12.
— Turgot	Faub. Montmartre	id	2.
d'Ulm	Observatoire	id	12.
de l'Université (impasse)	Invalides	id	10.
de l'Université	Faub. St Germain	de 1 à 91 — 2 à 114	10.
	Invalides	93 à la fin — 116 à la fin	
des Ursulines	Observatoire	La totalité	12.
du Val-de-grâce	Observatoire	id	12.
du Val-Ste Catherine	Marais	id	8.
de la Vallée (marché)	École-de-médecine	id	11.
de Valmy (impasse) [rue du Bac, 96]	Faub. St Germain	id	10.
de Valmy (quai)	Faub. St Antoine	de 1 à 7	8.
	Popincourt	9 à 59	
	Temple	61 à 107	6.
	Porte St Martin	109 à la fin	5.
de Valois (passage)	Palais-Royal	La totalité	2.
de Valois-du-Palais Royal	Palais-Royal	id	2.
de Valois-du-Roule	Roule	id	1.
de Valois-St honoré	Tuileries	id	1.
— Vanneau	St Thomas	id	10.
de la Vannerie	Arcis	id	7.
de Vannes	Banque	id	4.

Rues, &c.	Quartiers.	N°. de Maisons dépendant de chaque quartier.	Arrondissement.
de Varennes (halle aux Blés)	Banque	La totalité	4.
de Varennes-St-Germain	{ St. Thomas	N°s impairs - 2 à 32.	} 10.
	Invalides	34 à la fin	
des Variétés (galerie)	Feydeau	La totalité	2.
— Vauban (place)	Invalides	id	10.
de Vaucanson	St Martin-des-Champs	id	6.
de Vaugirard (barrière)	{ St Thomas — à droite	} en sortant {	10.
	Luxembourg — à gauche		11.
de Vaugirard (Ch.in de ronds de la barrière)	St Thomas	La totalité	10.
de Vaugirard (impasse, dit Aubert)	Luxembourg	id	11.
de Vaugirard (impasse, dit Charles)	Luxembourg	id	11.
de Vaugirard	Luxembourg	N°s impairs	} 11.
	École-de-Médecine	de 2 à 22	
	Luxembourg	24 à 86.	
	St Thomas	88 à la fin	10.
— Vavin	Luxembourg	La totalité	11.
aux Veaux (Marché et place)	Jardin-du-Roi	id	12.
— Vendôme (passage)	Temple	id	6.
— Vendôme (place)	{ Place-Vendôme	N°s impairs	1.
	Palais-Royal	N°s pairs	2.
de Vendôme	Temple	La totalité	6.
de Venise (impasse ou passage)	Lombards	id	6.
de Venise	Lombards	id	6.
— Ventadour	Palais-Royal	id	2.
— Verdelet	St Eustache	id	3.
— Verderet	Montorgueil	id	5.
à la Verdure (marché) [anc.t halle à la viande]	Marchés	id	4.
de Verneuil	Faub. St Germain	id	10.
— Véro-Dodat (passage)	Banque	id	4.
de la Verrerie	{ Marché St Jean	de 1 à 41 - 2 à 42	} 7.
	Arcis	43 à la fin	
	Ste Avoie	44/46 à la fin	

Rues, &c.	Quartiers.	N.º de maisons dépendans de chaque quartier.	Grandeur.
de Versailles (impasse)	St Jacques	La totalité	12.
de Versailles	Jardin-du-Roi	id	12.
du Vertbois	St Martin-des-champs	id	6.
du Vertbuisson (impasse)	Invalides	id	10.
Verte (allée)	Popincourt	id	8.
des Vertus (barrière)	Faub. St Denis	id	5.
des Vertus (chemin de ronde de la barrière)	Faub. St Denis	id	5.
des Vertus	St Martin-des-champs	id	6.
des Veuves (allée)	Champs-Élysées	id	1.
de Viarmes	Banque	id	4.
de la Victoire	Chaussée-d'Antin	id	2.
des Victoires (place)	Banque	1. 2 et 4.	4.
	Mail	3 à la fin — 6 à la fin.	3.
Vide-Gousset	Mail	La totalité	3.
de la Vieille-Bouclerie	Sorbonne	N.os impair	11.
	École-de-médecine	N.os pair	
de la Vieille-Draperie	Cité	La totalité	9.
de la Vieille-Estrapade	Observatoire	N.os impair	12.
	St Jacques	"	
des Vieilles-Étuves (impasse)	Lombards	La totalité	6.
des Vieilles-Étuves-St honoré	Banque	id	4.
des Vieilles-Étuves-St Martin	Ste Avoie	id	7.
de la Vieille-harengerie	Marchés	id	4.
des Vieilles-haudriettes	Mont-de-Piété	id	7.
de la Vieille-Lanterne	Arcis	id	7.
de la Vieille-Monnaie	Lombards	id	6.
Vieille-Notre-Dame	St Marcel	id	12.
Vieille-Place-aux-Veaux (la)	Arcis	id	7.
de la Vieille-Place-aux-Veaux	Arcis	id	7.
de la Vieille-Tannerie	Arcis	id	7.

(80.)

Rues, &c.	Quartiers.	N.os de Maisons dépendans de chaque quartier	Arrondissem.t
— Vieille-du-Temple . . .	Marché-St-Jean . . . . Mont-de-Piété . . . Temple . . . Marais . . .	de 1 à 35 – 2 à 66. 37 à 145. 147 seul. 68 à la fin	7. 6. 6. 8.
de Vienne	Roule . . .	La totalité	1.
de la Vierge	Invalides . . .	id	10.
des Vieux-Augustins . . .	Mail . . .	id	3.
du Vieux-Colombier . . .	Luxembourg . . .	id	11.
— Vieux-marché-St-Martin (le)	St-Martin-des-Champs	id	6.
du Vieux-Marché-St-Martin . . .	St-Martin-des-Champs	id	6.
du Vigan (passage) . . .	Mail . .	id	3.
des Vignes (impasse) . . .	Observatoire . . .	id	12.
des Vignes	Champs-Élysées . .	id	1.
des Vignes	St-Marcel . . .	id	12.
de Villars (avenue) . . .	Invalides . . .	id	10
de la Ville-l'Évêque (carrefour) . .	Roule . . .	id	1
de la Ville-l'Évêque . . .	Roule . . .	id	1
— Villedot . . .	Palais-Royal . . .	id	2.
— Villefosse . . .	Porte-St-Martin . . .	id	5
de Villejuif	St-Marcel . . .	id	12
de la Villette (barrière) . . .	Porte-St-Martin – à droite Faub.-St-Denis – à gauche } en sortant	{ 5. 5.
de la Villette (chemin de ronde de la barrière)	Faub. St-Denis . .	La totalité	5.
— Villion	Quinze-Vingts . .	id	8.
des Vinaigriers	Porte-St-Martin . .	id	5
de Vincennes (barrière et chemin de ronde)	(voir au mot Trône)	"	"
du Vingt-neuf-Juillet . . .	Tuileries . . .	La totalité	1.
des Vins (Entrepôt Général) . . .	Jardin-du-Roi . .	id	12.
aux Vins (port) . . .	Jardin-du-Roi . .	id	12.
— Violet (passage) . . .	Faub.-Poissonnière . .	id	3.

Rues, &c.	Quartiers.	N.os de maisons dépendant de chaque quartier	
de la Visitation-des-Dames-Ste-Marie	Faub. St-Germain	La totalité	10
— Vivienne (galerie ou passage)	Mail	id	3
— Vivienne	Feydeau	N.os impairs	2
	Mail	de 2 à 24	3
	Feydeau	26 à la fin	2
de la Voierie-Popincourt	(voir rue Neuve-Popincourt)		"
de la Voierie-du-Roule	(aujourd'hui Place de Laborde)		"
de la Voierie-St-Denis	Faub. St-Denis	La totalité	5
— Voltaire (quai)	Faub. St-Germain	id	10
de Voltaire	École-de-Médecine	id	11
de la Vrillière	(voir au mot La Vrillère)		"
— Walubert (place)	Jardin-du-Roi	La totalité	12
— Washington (passage)	St-Honoré	id	4
— Zacharie	Sorbonne	id	11

	Situation des Mairies et Justices de Paix.	Quartiers.	Commissaires de Police.	
Arrondissemens municipaux			Noms.	Bureaux.
1.	Mairie: r. d'Anjou St honoré, 9. Justice de Paix: r. d'Anjou St honoré, 9.	Tuileries Place-Vendôme Roule Champs-Elysées	Marut de l'ombre Wolff Bruzelin Vulésme Lepic de Lafage, adjoint.	impasse du Doyenné, 6. r. Basse du Rempart, 48. grande rue Verte, 10. rue de Penthion, 3. r. des Batailles, 5.
2.	Mairie: Rue Pinon, 2. Justice de Paix: Rue Pinon, 2.	Faub. Montmartre Chaussée d'Antin Feydeau Palais-Royal	Yon Basset Deroste Marriguer	rue Papillon, 7. Faub. Montmartre, 67. rue Grammont, 9. rue d'Argenteuil, 43.
3.	Mairie: Place des Petits Pères. Justice de Paix: rue Hauteville, 18.	Montmartre Faub. Poissonnière Mail St Eustache	Denis Adam Fresne Petit	rue Montmartre, 144. rue d'Enghien, 18. r. St Pierre Montmartre, 11. rue Montmartre, 15.
4.	Mairie: place du Chevalier du Guet, 4. Justice de Paix: place du Chevalier du Guet, 4.	St Honoré Louvre Banque de France Marchés	Berillon Devoud Lenoir Martinien	rue Bailleul, 3. Place du Louvre, 10. rue des Deux-Ecus, 17. Halle aux draps (r. de la Lingerie)
5.	Mairie: Rue de Bondy, 20. Justice de Paix: Rue de Bondy, 20.	Porte St Martin Faub. St Denis Bonne-nouvelle Montorgueil	Gaber Bazile-Frogeac Dussard Yver	rue des Marais, 36. Faub. St Martin, 151. rue de la Lune, 10. rue Beaurepaire, 3.
6.	Mairie: rue St Martin 208/210. Justice de Paix: rue Dupuis-Vendôme, 9.	Lombards Porte St Denis St Martin-des-Champs Temple	Gronfier-Chailly Haymonnet Masson Moulnier	rue des Ecrivains, 22. rue Neuve St Denis, 21. rue du Temple, 101. r. des Fossés-du-Temple, 20.
7.	Mairie: r. St Avoie de la Bretonnerie, 20. Justice de Paix: r. du Roi-de-Sicile, 32.	Ste Avoie Mont-de-Piété Arcis Marché St Jean	Dowlens Gilles Blavier Loyeux	r. du Cloître St Merri, 6. rue Ste Avoie, 38. rue de la Verrerie, 65. rue Pavée, 24.
8.	Mairie: Place-Royale, 14. Justice de Paix: Place-Royale, 14.	Popincourt Marais Quinze-Vingts Faub. St Antoine	Monnier Gronfier jeune Laumond Jacquemin	rue Amelot, 30. r. de Barlay, 4. (Marais) rue Moreau, 8. rue Amelot, 8.
9.	Mairie: r. Geoffroy-l'Asnier, 25. Justice de Paix: rue St Antoine, 88.	Hôtel-de-Ville Arsenal Ile-St Louis Cité	Vassal Leclerc Monjev Fleurien	rue de Jouy, 8. rue des Lions, 8. quai Béthune, 2. rue St Landry, 3.
10.	Mairie: r. de Grenelle St Germain, 7. Justice de Paix: r. de Grenelle St Germain, 7.	Faub. St Germain Invalides Monnaie St Thomas d'Aquin	Barler Noël Cabuchet Lemoine-Vacherat	rue Bellechasse, 8. Esplanade des Invalides, 10. rue Jacob, 58. rue Plumet, 4.
11.	Mairie: rue Garancière, 10. Justice de Paix: rue Garancière, 10.	Luxembourg Sorbonne Ecole de Médecine Palais-de-Justice	Punier-quatrenier Wauthy Fondras Jeneson	rue Mezières, 3. rue de Sorbonne, 4. rue de l'Eperon, 10. Cour de Harlay, 22.
12.	Mairie: rue St Jacques, 262. Justice de Paix: rue St Jacques, 161.	St Jacques Jardin-du-Roi St Marcel Observatoire	Boulley Bouilhon Benchard Gourlet	rue des Carmes, 7. rue de Pontoise, 12. r. du Marché aux chevaux, 16. rue du Val-de-grâce, 1.

#	Receveurs-Particuliers-Percepteurs		Contrôleurs des Contributions directes	
	Noms.	Situation des Bureaux de Recette.	Noms.	Demeures.
1	Bourquency	rue Ste-Croix-d'Antin, 8	Croz	rue du Mont-Thabor, 18
			Lumineau	rue Ventadour, 1
2	de Doubeyran	rue Miromesnil, 18	Auger	rue de Clichy, 33
2 bis	de Montruffet	rue du Colysée, 21	Gorlier	rue St-Benoît, 9
3	Reille	Faub. Montmartre 9	D'Scindre	rue Thérèse, 4
			Thomas	rue Meslay, 25
4	Tartenson	rue Thérèse, 11	Blondel	Boulevard St-Martin, 57
			Chomeil de Sig..	rue Royale St-Antoine, 16
5	Rossigneux	rue Martel, 12	Fabre	rue Vanneau, 22
			Le Cellier	rue de la Victoire, 2 A°
6	Boscheron	rue du Mail, 28	Bacquarl	rue Hautefeuille, 5
			Le Cellier	rue de la Victoire, 2 A°
7	de Grammont	quai de l'École, 10	Croz	rue du Mont-Thabor, 18
			Gautier	rue de Provence, 67
8	Malide	rue du Bouloy, 24	Blondel	Boulevard St-Martin, 57
			Lumineau	rue Ventadour, 1
9	Mourgue	rue Albouy, 10	Dubain	rue de Trévise, 21
10	Duriez	rue St-Sauveur, 30	Roussel	rue de Bondy, 42
			Chomeil de Sig...	rue Royale St-Antoine, 16
11	Fabre Barron	rue Neuve-St-Denis, 12	Fabre	rue Vanneau, 22
			Gorlier	rue St-Benoît, 9
12	Boullenois	rue Neuve-St-Martin, 19	Roussel	rue de Bondy, 42
			Le Borgne	rue de Bondy, 5
13	Lavocat	rue Michel-le-Comte, 21	Feuchère	rue Simon-le-franc, 7
			D'Ynglemare	rue Mazarine, 30
14	Labrouste	rue des Juifs, 20	Tanera	rue du Cherche-Midi, 52
			Feuchère	rue Simon-le-franc, 7
15	de Nervo	rue des Tournelles, 50	D'Ynglemare	rue Mazarine, 30
			de Margerie	rue du Dragon, 42
16	Mariani	rue Daval, 22	Clausse	rue Saintonge, 21
			de Margerie	rue du Dragon, 42
17	Fougeray de Launay	r. des Prêtres-St-Paul, 22	Le Borgne	rue de Bondy, 5
			Clausse	rue Saintonge, 21
18	Delarue	rue Chanoinesse, 16	D'Scindre	rue Thérèse, 4
			Auger	rue de Clichy, 33
19	Asselin de Villequier	r. Grenelle St-Germain, 96	de Rostaing	rue Laffitte, 8
20	Charlier	rue Taranne, 15	Tanera	rue du Cherche-Midi, 52
			Gautier	rue de Provence, 67
21	Chapuis	r. St-Hyacinthe-St-Michel, 21	Castan-de-Bages	rue du Cherche-Midi, 25
22	Du Locle	quai des Augustins, 55	Bacquart	rue Hautefeuille, 5
			Thomas	rue Meslay, 25
23	Picard	rue des Noyers, 25	Puissan	rue Mazarine, 32
24	Poss...	r. St-Dominique d'Enfer, 15	Touchet	rue des Beaux-Arts, 3